Faits et gestes d'identité en discours

Sociolinguistique
Collection dirigée par Henri Boyer (Université de Montpellier 3)

Conseil scientifique :
G. Bergounioux (Univ. d'Orléans, France), A. Boudreau (Univ. de Moncton, Canada), E. Boix (Univ. de Barcelona, Espagne), J.-F. De Pietro (IRDP, Neuchâtel, Suisse), J. Guilhaumou (CNRS, France), G. Kremnitz (Univ. de Wien, Autriche), M. Matthey (Univ. de Grenoble 3, France), B. Maurer (Univ. de Montpellier 3, France), H. Monteagudo (Univ. de Santiago de Compostela, Espagne), H. Penner (Univ. Católica de Asunción, Paraguay), A. Kristol (Univ. de Neuchâtel, Suisse), Ch. Lagarde (Univ. de Perpignan Via Domitia, France), M. Tournier (CNRS, France)

La Collection « Sociolinguistique » se veut un lieu exigeant d'expression et de confrontation des diverses recherches en sciences du langage ou dans les champs disciplinaires connexes qui, en France et ailleurs, contribuent à l'intelligence de l'exercice des langues en société : qu'elles traitent de la variation ou de la pluralité linguistiques et donc des mécanismes de valorisation et de stigmatisation des formes linguistiques et des idiomes en présence (dans les faits comme dans les imaginaires collectifs), qu'elles analysent des interventions glottopolitiques ou encore qu'elles interrogent la dimension sociopragmatique de l'activité de langage, orale ou scripturale, ordinaire, médiatique ou même « littéraire ».

Donc une collection largement ouverte à la diversité des terrains, des objets, des méthodologies. Et, bien entendu, des sensibilités.

Dernières parutions

Josep Maria NADAL FARRERAS, Anne-Marie CHABROLLE-CERRETINI, Olga FULLANA NOELL, *L'espace des langues*, 2014.
Ibtissem CHACHOU, *La situation sociolinguistique de l'Algérie, Pratiques plurilingues et variétés à l'œuvre*, 2013.
Romain COLONNA, *Les Paradoxes de la domination linguistique*, 2013.
Marie-Désirée SOL, *Imaginaire des langues et dynamique du français. Enquête sociolinguistique*, 2012.
Henri BOYER et Hedy PENNER (sous la direction de), *Le Paraguay bilingue*, 2012.
Sabine EHRHART, *L'Écologie des langues de contact. Le tayo, créole de Nouvelle-Calédonie*, 2012.
Eléonore YASRI-LABRIQUE, *La Turquie et nous. Enquête sur l'imaginaire turc de la France*, 2010.

Henri BOYER

Faits et gestes d'identité en discours

Du même auteur

Questions sur les mots. Analyses sociolinguistiques, Paris, Didier Érudition, 1987 (avec Ph. Gardy, R. Lafont, J.M. Marconot et P. Siblot).

L'écrit comme enjeu. Principe de scription et principe d'écriture dans la communication sociale, Paris, Didier CREDIF (coll. Essais), 1988.

Le texte occitan de la période révolutionnaire, Montpellier, S.F.A.I.E.O. 1988 (en collaboration).

Nouvelle introduction à la didactique du français langue étrangère, Paris, CLE International, 1990 (avec M. Butzbach-Rivera et M. Pendanx).

Clés sociolinguistiques pour le "francitan", Montpellier, CRDP, 1990.

Le langage en spectacle. Une approche sociopragmatique, Paris, L'Harmattan, 1991.

Langues en conflit. Études sociolinguistiques, Paris, L'Harmattan, 1991.

Éléments de sociolinguistique. Langue, communication et société. Paris, Dunod, 1991 et 1996.

Notre écran quotidien. Une radiographie du télévisuel, Paris, Dunod, 1995 (avec G. Lochard).

Sociolinguistique. Territoire et objets, Neuchâtel, Delachaux et Niestlé, 1996 (dir.).

Plurilinguisme : "contact" ou "conflit" de langues?, Paris, L'Harmattan, 1997 (éd.).

La communication médiatique, Paris, Seuil, 1998 (avec G. Lochard).

Scènes de télévision en banlieues (1950-1994), Paris, Institut National de l'Audiovisuel-L'Harmattan, 1998 (avec G. Lochard).

Introduction à la sociolinguistique, Paris, Dunod (Coll. Topos), 2001.

Dix siècles d'usages et d'images de l'occitan. Des Troubadours à l'Internet, Paris, L'Harmattan, 2001 (dir. avec Ph. Gardy).

L'Espagne et ses langues. Un modèle écolinguistique ?, Paris, L'Harmattan, 2002 (dir. avec Ch. Lagarde).

De l'autre côté du discours. Recherches sur le fonctionnement des représentations communautaires, Paris, L'Harmattan, 2003.

Langue et identité. Sur le nationalisme linguistique, Limoges, Lambert-Lucas, 2008.

Hybrides linguistiques. Genèses, statuts, fonctionnements, Paris, L'Harmattan, 2010 (dir.).

Pour une épistémologie de la sociolinguistique, Limoges, Lambert-Lucas, 2010 (dir.)

Le Paraguay bilingue/El Paraguay bilingüe, Paris, L'Harmattan, 2012, (dir. avec H. Penner)

Sur l'Ile de Tenerife (Canaries, Espagne), un soir de fête entre professeurs de français, fête à laquelle j'étais convié comme intervenant dans un cycle de formation de formateurs, une collègue chevronnée et passionnée m'a rapporté avec délectation, en réponse à l'une de mes interrogations concernant l'existence d'une identité canarienne (face à l'identité d'autres Communautés historiques d'Espagne), l'échange suivant qu'elle avait eu récemment avec un élève de terminale. A la question qu'elle lui posait quant à la nature des conversations entre garçons et filles lors de leurs sorties en discothèque, son jeune interlocuteur avait répondu :

- [Aux filles] *je leur parle des Guanches...*

[*Les Guanches, un peuple vraisemblablement d'origine berbère, seraient les ancêtres des Canariens, installés sur les Iles avant l'invasion des Conquistadors en route vers le Nouveau Monde. À ce titre, ils sont devenus une référence identitaire mythologique*]

Illustrations de la couverture :

Dessin de Riss, Charlie Hebdo n° 907, nov. 2009
(reproduit avec l'aimable autorisation de Riss)

Photos de H. Boyer

© L'Harmattan, 2016
5-7, rue de l'Ecole-Polytechnique, 75005 Paris

www.harmattan.com
diffusion.harmattan@wanadoo.fr

ISBN : 978-2-343-09488-5
EAN : 9782343094885

INTRODUCTION

Les réflexions proposées dans cet ouvrage, sur la base d'hypothèses présentées pour la plupart dans des publications antérieures (par ex. dans Boyer 2003, 2008a), mobilisent plusieurs paradigmes conceptuels, empruntés essentiellement aux champs de la sociolinguistique, de la psychologie sociale, de la sémiotique et de l'analyse des discours médiatiques.

Je rappellerai brièvement en introduction un certain nombre de préalables sur lesquels s'appuient les développements rassemblés dans ce qui suit.

Sur la place et le rôle des médias dans une *société médiatisée*

E. Verón a bien montré (Verón 1991) la mutation culturelle qu'avait supposée le passage d'une *société médiatique* à une *société médiatisée*. En effet, le fait que des médias occupent un espace institutionnel national important au même titre que d'autres instances globales de production de discours n'a pas grand chose à voir avec le fait que les médias (et ici l'installation de l'hégémonie télévisuelle est un fait central, dont on ne sait pas encore comment elle va s'accommoder de l'irruption de l'Internet et de ses prérogatives inédites) sont devenus les institutions par excellence de production de l'interdiscours dominant dans la société concernée, supplantant largement dans cette fonction des institutions comme les partis politiques ou même l'école. Les médias, singulièrement aujourd'hui la télévision, sont bien des lieux de production de discours fonctionnellement promotionnels : même s'ils ne créent pas de toutes pièces de la matière représentationnelle (socioculturelle) ils en sont incontestablement les principaux promoteurs, sélectifs bien entendu, c'est-à-dire filtrants, minorants, mais aussi redondants et emphatiques, avec une tendance appuyée, on le sait, à la conformité et au figement, ainsi qu'au spectaculaire. Et il y a donc, comme le souligne E. Verón, un risque d'exclusivité. Cependant ces mêmes médias, qui sont autant de lieux d'élaboration de produits signifiants (verbaux, verbo-iconiques, audiovisuels ...) particulièrement impliqués dans la diffusion de représentations partagées (composantes de base de l'imaginaire collectif ou des imaginaires collectifs) demeurent par ailleurs incontournables pour le repérage et l'analyse de ces représentations sous leurs diverses modalités de manifestation en discours (voir par ex. Lochard et Boyer 1998).

Car l'*impératif de captation*, règle d'or du *contrat de communication médiatique* (Charaudeau 1983, 1997), et le *principe d'empathie* (de connivence et donc de soumission à la contrainte de conformité) qui lui est consubstanciel (Lochard et Boyer 1998, Brune 1993), surdéterminent les discours médiatiques selon deux modalités : d'une part le *stéréotypage* avec la *catégorisation* de certains objets sociétaux; d'autre part l'*emblématisation* et la *mythification:* une *symbolisation* selon deux modalités différentes qui distingue et célèbre lieux, acteurs, événements, paroles... (Il en sera question plus précisément dans le *Chapitre II*).

Dialogisme

Le fonctionnement dialogique est l'une des dimensions fondamentales des « faits et gestes » qui intéressent mon propos. On sait qu'il s'agit d'un fonctionnement considéré par la plupart des spécialistes de l'analyse (française) de discours comme « constitutif du discours »[1].

Et l'on doit rappeler ici l'hypothèse productive de V. N. Volochinov pour qui « dans chaque signe idéologique s'entrecroisent des accents d'orientation différente. Le signe devient *l'arène* de la lutte des classes [on pourrait ajouter : des groupes, des communautés] » (Volochinov [1929] 2010: 161; c'est moi qui souligne), analyse qui éclaire nombre de phénomènes traités dans cet ouvrage, en mettant l'accent sur le caractère fondamentalement *polémique* de l'*interaction verbale*. On verra également que la *doxa*, associée étroitement par Ruth Amossy au *dialogisme interdiscursif*, est un élément essentiel que l'analyse des phénomènes de *production d'identité* doit prendre nécessairement en compte (Amossy 2005b; voir également Brès *et al.* dirs. 2005)

---

[1] Ce que met en question non sans arguments Marie-Anne Paveau dans sa réfutation de la « norme dialogique » (Paveau 2010) comme dérive hégémoniste en analyse de discours.

Imaginaire(s), idéologies, représentations partagées

On considère ici que l'*idéologie* est « l'instance de raison des représentations » (Rouquette et Rateau 1998 : 24), et que « les idéologies incarnent les principes généraux qui contrôlent la cohérence globale des représentations sociales partagées par les membres d'un groupe » (Van Dijk 2006 : 76). En définitive, il s'agit d'une *construction socio-cognitive spécifique, établie sur la base d'un ensemble plus ou moins limité de représentations: une construction à visée dominatrice (qu'elle soit ostensible ou occultée) proposant une certaine vision du monde et susceptible de légitimer des discours performatifs et normatifs et donc des pratiques individuelles et des actions collectives dans la perspective de la conquête, de l'exercice, du maintien d'un pouvoir (politique, culturel, spirituel...), ou à tout le moins d'un fort impact (coercitif?) au sein de la communauté concernée ou face à une autre / d'autres communauté(s)* (Boyer 2003 : 17). De fait, et ceci concerne des phénomènes observés dans certains chapitres du présent ouvrage, « de nombreuses idéologies –mais pas la totalité- se révèlent pertinentes en situation de compétition, de conflit, de domination et de résistance entre groupes, c'est-à-dire en tant qu'elles font partie d'un combat social » (Van Dijk 2006 : 77).

Pour L. Althusser, « une idéologie est un système (possédant sa logique et sa rigueur propres) de représentations (images, mythes, idées ou concept selon les cas) doué d'une existence et d'un rôle historique au sein d'une société donnée» (Althusser 1972 : 238)[1]. Et

---

[1] Voir également Charaudeau et Maingueneau 2002 : 300-303. Bien d'autres définitions, convergentes ou divergentes, ont été avancées pour ce concept, qui a suscité de nombreux débats.

l'on ne peut que dénoncer la « forte tentation [...] de limiter l'usage du concept d'idéologie aux discursivités politiques » : bien évidemment, les activités socio-culturelles, les productions médiatiques... « sont, au même titre, susceptibles d'être interrogées systématiquement dans leur inconscient idéologique » (Ansart 2006 : 211).

L'*idéologie* articule donc un ensemble de structures et de fonctionnements socio-cognitifs dont elle assure la cohérence.

À partir d'une libre lecture des modélisations en matière de structures socio-cognitives présentées en particulier par diverses orientations de la psychologie sociale (Boyer 2003), j'ai proposé un paradigme intégrant les concepts qui tentent d'éclairer la connaissance qu'on peut avoir de la teneur et du fonctionnement d'un imaginaire collectif (l'*imaginaire esthnosocioculturel*) propre(s) à une société donnée à un moment donné de son histoire.

Le concept pilier est sans conteste le concept de *représentation*. La *représentation partagée, collective* ou *sociale* (Rouquette et Rateau, 1998 : 15, Moscovici 2002 : 16), est un mode de connaissance des objets sociaux qui relève de la *pensée sociale* et qui a « une visée pratique » (Jodelet 1989 : 36; voir également Guimelli 1999, Rouquette dir. 2009).

A propos de l'*imaginaire (ethnosocioculturel)*, qui me semble représenter un échelon socio-cognitif supérieur à celui des idéologies et des représentations, il « renferme les paradigmes de base d'une situation culturelle donnée – en ce qu'ils peuvent avoir de commun et de différent d'une culture à l'autre – imaginés par consensus au sein de groupes humains et normant les détails des contenus des démarches cognitives tant que les apports de ces dernières ne finissent pas par entraîner une modification de ces paradigmes » (Deschamps 1996 : 161; voir également Lecointe 1996)[1].

La *communauté linguistique* (Labov 1976[2], Boyer 2015) est habitée par un imaginaire spécifique : l'*imaginaire ethnosociolinguistique*[3], composante nodale de l'*imaginaire ethnosocioculturel*.

Identité(s) (La production d')

L'*identité* : une notion, problématique s'il en est, au sein des sciences de l'homme et de la société. Une entrée prisée dans leur interdiscours et une entrée sujette à controverses (Boyer 2008b). Bien entendu la question de « savoir s'il convient de la considérer comme étant d'une seule pièce ou de structure plus complexe » (Lagarde 2008 : 44) est une question pertinente : il n'y a pas cependant, à mon sens, à opposer irrémédiablement

---

[1] Cette façon de traiter l'imaginaire/les imaginaires ethnosocioculturel(s) diffère donc de la « topique socioculturelle » et de la « mythologie » proposées par G. Durand (*L'imaginaire*, Hatier 1994 ; *Les structures anthropologiques de l'imaginaire*, Dunod, 1992). Elle diffère également des perspectives de C Castoriadis dans *L'Institution imaginaire de la société* (Paris, Ed. du Seuil, 1975).

[2] « La communauté linguistique se définit moins par un accord explicite quant à l'emploi des éléments du langage que par une participation conjointe à un ensemble de normes » (Labov 1976 : 187).

[3] Ma conception de l'*imaginaire ethno-socio-linguistique* est quelque peu différente de celle de l'*Imaginaire Linguistique*, notion avancée par Anne-Marie Houdebine, qui me semble prioritairement focalisée sur divers types de *normes* linguistiques à l'œuvre (Houdebine 1993 : 32-33).

l'« identité-racine » à l'« identité-rhizome » pour reprendre les termes de Deleuze et Guattari cités par Ch. Lagarde (2008 : 44-45), surtout s'il s'agit de diaboliser la première (parce qu'elle conduirait irrémédiablement, en particulier, au communautarisme) pour mieux faire l'éloge de la seconde.

Pour faire bref, je dirai que, malgré les réserves de bonne ou de mauvaise foi avancées ici ou là, et concernant plus spécifiquement l'identité linguistique, il est non-pertinent d'opposer en matière de *collectif* (groupe, communauté) *identité* et *hétérogénéité*, *identités* et *unité/homogénéité*. L'imaginaire ethnosocioculturel des groupes et des communautés se déploie à mon sens sur un continuum à deux directions : l'une orientée vers une régulation idéologique centripète, l'autre vers la production centrifuge d'hétérogénéité et donc de « métissage » (Boyer 2008c : 9-10; voir également Boyer dir. 2010). À cet égard l'identité ne saurait être « quelque chose de fixe et de stable » (Kaufmann 2014 : 13), même si un sentiment partagé au sein de la communauté ou du groupe conduit à le souhaiter. Et on doit reconnaître que la tentation d'une « totalité absolue, d'autant plus rassurante qu'elle devient simpliste et exclusive » (*Ibid* : 20) n'est pas à négliger, comme les dérives qui « guettent » bien des fonctionnements idéologiques et plus largement socio-cognitifs.

Reconnaître la normalité de la *tension* dont il vient d'être question ne signifie pas qu'on oublie que « l'identité n'est pas plus un donné qu'une essence » mais qu'au contraire on considère que « c'est le résultat d'une production signifiante que la société langagière permet, règle, contrôle » (Lafont 1986 : 8) et dont le sociolinguiste (comme le sémiologue ou l'anthropologue) est habilité à rendre compte, s'il veut bien prendre toute la mesure de « la force mobilisatrice exceptionnelle de tout ce qui touche à l'identité » (Bourdieu 1980 : 69), qu'il s'agisse aussi bien de micro-événements communicatifs que de macro-fonctionnements, comme on a pu l'observer par ailleurs (Boyer et Cardy 2011, Boyer 2008a).

Les anathèmes concernant le « fondamentalisme identitaire » (qui fait partie assurément du paysage ethnosocioculturel planétaire), pas plus que la stigmatisation à peine voilée des « milieux populaires», « [manquant] de ressources culturelles adaptées face à la montée de l'intégrisme identitaire » (Kaufmann 2014 : 59-61) ne sont recevables hors des plateaux télévisuels de *talk-shows*. Les « dérives identitaires » (comme les *communautarismes*) doivent être dénoncées comme toutes les dérives. Mais dénier d'une manière indistincte aux *faits et gestes d'identité* la « rationalité » adéquate dont ils sont la manifestation n'est pas scientifiquement tenable, du moins pour ce qui concerne le territoire disciplinaire qui est le mien ici.

* *
*

Les chapitres de cet ouvrage sont des versions plus ou moins remaniées de textes publiés entre 2008 et 2014 dans des revues ou des ouvrages collectifs[1]. Leur intégration dans un même recueil me permet de mettre en évidence une cohérence de préoccupation et, j'ai la faiblesse de l'envisager, une cohérence de pensée et de démarche.

Qu'y a-t-il en effet de commun entre l'émergence d'une *épithèse vocalique* discriminante au sein d'un *groupe* et sa diffusion (relative) dans la *communauté*, certains types de figements discursifs et la patrimonialisation sémiolinguistique au sein d'un imaginaire national, les manifestations en langue et en discours de la *loyauté linguistique* ou encore la convergence épistémologique de sociolinguistes-citoyens œuvrant au sein de la résistance communautaire de tout un peuple en faveur d'une langue (nationale) dominée, si ce n'est l'intérêt pour tout ce qui touche, au travers de l'activité

---

[1] Il s'agit de : « Comment et pourquoi la publicité télévisée française met en scène les identités sociolinguistiques : continuités et évolutions », dans A. Lachkar éd. *Langues, cultures et médias en Méditerranée* Paris, L'Harmattan, 2014, p. 13-24 [Chap I]; « Stéréotype, emblème, mythe: sémiotisation médiatique et figement représentationnel », *Mots, Les langages du politique*, n° 88, 2008, p. 99-113 [Chap. II]; « Langage, identité, patrimonialisation. Les *sémioculturèmes* », dans *Amb un fil d'amistat. Mélanges offerts à Philippe Gardy*, Toulouse, CELO, 2014, p 247-258 et « Localiser, identifier, valoriser », *Les collectivités territoriales en quête d'identité, Mots. Les langages du politique* n° 97, 2011, Lyon, ENS Editions, p. 5-13 (avec H. Cardy) [Chap. III]; « *Loyauté linguistique*, affirmation glottopolitique et production d'identité », dans Jean Peytard, *Syntagmes et entailles, Actes du colloque de Besançon, 7-9 juin 2012*, réunis et présentés par Mongi Madini, Andrée Chauvin-Vileno et Séverine Equoy-Hutin, Limoges, Lambert-Lucas, 2014, p 169-176 [Chap IV]; « Singularité(s) de la sociolinguistique du domaine catalan. Un repérage épistémologique », *Histoire Epistémologie Langage* 34/II, 2012, p. 29-41 et « Modélisation conflictiviste et modélisation irénistes dans le traitement sociolinguistique des situations de diglossie : la preuve par le terrain », *Les locuteurs et les langues : pouvoirs, non-pouvoirs et contre-pouvoirs*, Romain Colonna éd., Limoges, Lambert-Lucas, 2014, p. 131-140 [Chap V].

langagière, discursive singulièrement, à la construction/ défense/illustration d'une identité collective, qu'elle concerne un groupe ou une communauté *nationale*. Les cas traités constituent un éventail non exhaustif évidemment mais cependant représentatif des représentations, usages et pratiques identitaires : l'observation et l'analyse des *faits et gestes d'identité* proposées ici relèvent tantôt de la perspective macrosociolinguistique, tantôt de la focalisation microsociolinguistique, tantôt des deux. Et témoignent d'une affirmation déjà exprimée dans un précédent ouvrage (Boyer 2008c) : *l'identité [collective], qu'elle soit niée, stigmatisée, ou revendiquée, célébrée, est bien un ingrédient majeur de la marche linguistique du monde et un besoin irrépressible des communautés et des groupes qui l'habitent*, que la « mondialisation», la « globalisation » et autre(s) visées unificatrices ne font, en définitive, que conforter[1].

---

[1] Je tiens à exprimer toute ma gratitude envers Françoise Torres Barrère et Carmen Alén Garabato qui ont bien voulu relire attentivement le manuscrit de cet ouvrage et me proposer corrections et suggestions ainsi qu'envers Jacques Guilhaumou pour ses observations toujours éclairées.

I. « ACCENT(S) » ET CIE.

VARIATION SOUS SURVEILLANCE

Dans un certain nombre d'émissions que diffusent les chaînes de télévision françaises circule, certes en discontinu, occasionnellement, parfois même sur le mode allusif, mais parfaitement motivé *idéologiquement*, un *interdiscours épilinguistique* où il est question d'« accent »[1], d'identité linguistique concernant aussi bien les autochtones que les étrangers...

Un exemple parmi bien d'autres : une séquence d'une émission de variétés (*Tapis rouge*, émission créée et animée par Michel Drucker, sur France 2, en début de soirée), diffusée à l'occasion de la 19e Fête de la Musique :

---

[1] La notion d'« accent » dans ce texte n'a pas le sens que lui donne la phonétique comme discipline au sein des sciences du langage (lorsqu'elle parle par exemple d'*accent fixe* ou d'*accent libre*), mais un sens plus répandu dans le discours épilinguistique des usagers : celui d'un ensemble limité de traits de nature articulatoire et prosodique qui constituent la base de l'identification ethnosociolinguistique (surtout géographique, mais aussi socioculturelle, générationnelle, sexuelle...) à laquelle s'associent en général d'autres traits d'ordre verbal (mots, expressions, constructions grammaticales...) et non-verbal (mimogestuels essentiellement mais aussi comportementaux), le tout fonctionnant comme *marqueur* (Labov 1976 : 419-420), parfois ostensiblement à visée identitaire, et véhiculé par l'interdiscours d'une communauté linguistique donnée en général sous les auspices d'un *stéréotype* (voir à ce sujet, Harmegnies 1997: 9-10, Binisti 2003 : 192, Garde 1968, Gasquet-Cyrus 2010, Léon 1993, Boyer 2003).

À l'invitation de l'animateur-vedette depuis le plateau, une jeune journaliste chargée de couvrir le concert de David Hallyday interroge une spectatrice :
-*Mademoiselle ça se passe comment la Fête de la Musique pour vous ce soir ?*

Réponse enthousiaste de la jeune femme, avec une prononciation « francitane » (Boyer 1991) :
-*C'est génial on s'éclate c'est super*

L'échange aurait pu en rester là... Cependant il s'est poursuivi, pour le plus grand plaisir du sociolinguiste :

La jeune journaliste :
-*Vous venez d'où pour avoir cet accent ?*

La spectatrice ne saisit pas bien la question, et pour cause :
-*Comment ?*

Qu'à cela ne tienne, on insiste :
-*Vous venez d'où pour avoir cet accent ?*

Réponse :
-*Je viens de Lot-et-Garonne*

Surprise :
-*Vous avez fait tout ce chemin pour ce soir ?*

Explication :
-*Je travaille sur Paris mais depuis huit ans*

Évaluation de la journaliste :
-*C'est une chance !*

Les « accents » et « l'assent »[1]

On s'intéressera surtout ici à des *spots* publicitaires où est mise en évidence telle façon de parler le français, tel « accent »... Comme le spot *Camembert Le Rustique* (dîner chic en ville qui se relâche quelque peu avec l'intrusion dans les propos échangés du « r » apical, lors de l'apparition sur la table du Camembert « Le Rustique »); *Les Crème Mont-Blanc* (skieurs qui singent verbalement les Snobs); *SNCF C'est possible* (l'agent SNCF qui verlanise aussi bien que les deux adolescents moqueurs qui croyaient le piéger); *Florette Des océans de verdure* (le « papé » provençal, hâbleur à souhait)...

C'est du reste l'*accent du Midi* (sorte d'*appellation géolinguistique établie*) qui fait (encore et même plus que jamais) majoritairement recette. Trois productions publicitaires récentes viennent le confirmer : *La Salvetat* (nouvelle variante : « La Salvetat, elle a mis le Sud en bouteille, pas le sel ») (ci-après Doc. 1), *Croustilles de Belin* (ci-après Doc. 2) et surtout le spot incroyable (mais vrai) pour l'*Huile d'olive Rustica de Marque Repère* (E. Leclerc) (ci-après Doc. 3). Dans ces spots, de nombreux ingrédients surexploités de la Méridionalité médiatique sont présents : bien sûr la prononciation du « e » caduc, muet (/ə/) et celle, également attendue de la nasalisation spécifique du /a/ et du /ɛ/ (en [ɛŋ]), la présence de mots repères comme « peuchère », employé sans pertinence énonciative, en matière comportementale un penchant

---

[1] Désignation humoristique de « l'accent du Midi » utilisée à l'oral comme à l'écrit (Cf. par exemple ce gros titre en Une d'un magazine consacré au rugby, sport dont on connaît la localisation « sudiste » majoritaire en France (*Midi Olympique* du 13 au 19 décembre 1993 : « Avé l'assent ».

ostensible pour le moindre effort, le goût prononcé pour la table et « l'apéro », le tout dans un décor champêtre...[1]

Ces observations permettent de dire :

- Que « l'accent », comme variation, fait l'objet d'un repérage médiatique insistant, et plutôt moqué

- Que ce type d'identification est l'objet de mises en scène publicitaires (concernant des domaines de consommation diversifiés : produits d'alimentation en premier lieu, mais aussi produits d'entretien, voire services-publics éventuellement, etc.)

Il convient ici d'expliciter le rapport des discours médiatiques, et singulièrement des spots publicitaires, à l'*imaginaire ethnosociolinguistique* des Français, dont on sait qu'il occupe une place centrale au sein de l'*imaginaire collectif* et qu'il manifeste une prégnance exceptionnelle dans la *communauté linguistique*.

---

[1] Robert Lafont dénonce ainsi la construction ethnotypique du Provençal, paresseux et hâbleur : « Le Provençal est éternellement de loisir, devant son « pastis ». Il occupe le temps que lui laisse son inaction à un jeu maniaque de hâbleries. A défaut de la langue refoulée, le signe ethnique galvaudé, l'accent grossi, systématisé ne manque jamais à la cérémonie... » (Lafont 1971a : 132-134).

Doc.1 : *La Salvetat*

Doc 2 : *Croustilles de Belin*

Doc. 3 : *Huile d'olive Rustica de Marque Repère* (E. Leclerc)

Le corpus de spots publicitaires sur lequel s'appuient mes réflexions, qui couvre pratiquement les trente dernières années m'a permis d'apprécier, dans ses diverses mises en scène, l'attention soutenue de ces discours médiatiques particulièrement *empathiques* que sont les discours publicitaires pour la *variation*, toujours perçue comme une curiosité, souvent comme une anomalie voire une transgression, et affectée immanquablement d'une identification, sur le mode stéréotypique (Boyer 1994).

Ce qui est particulièrement intéressant, c'est que ces productions médiatiques hautement sensibles à la norme dominante nous éclairent sur les permanences et les modifications des endo-identités en vigueur dans la communauté linguistique hexagonale : depuis « l'accent pied-noir » en voie de disparition jusqu'à la récente promotion et généralisation du « -E féminin, jeune, urbain, branché... » en passant par le verlan du « parler jeune » et la récurrence sans faille de « l'accent du Midi», les spots publicitaires enregistrent à leur manière les *représentations* figées ou en voie de figement de la variation du français.

Sur le fameux et indécrottable « accent du Midi», les trois spots évoqués plus haut ne manquent pas d'interpeler le sociolinguiste et permettent d'apprécier l'investissement, qu'on qualifiera d'humoristique, dont les spots publicitaires sont porteurs.

Jean-Claude Soulages souligne justement la mise en œuvre de stratégies humoristiques qui serait à mettre sur le compte de la dimension empathique du message publicitaire (Soulages 2007), plutôt que sur celui d'une visée ouvertement argumentative. Je pense pour ma part que les stratégies dans lesquelles est mobilisé « l'accent » (d'ordre géolinguistique, singulièrement l'« accent du Midi»), sur le mode stéréotypique, sont de nature fondamentalement humoristique.

Elles utilisent des prononciations et plus largement des traits ethnosocioculturels (verbaux et non-verbaux) comme des ingrédients de la mise en scène publicitaire, établissant un jeu de connivence avec le destinataire, porteur d'une certaine dose de dérision. En général sans malveillance mais sans indulgence. Il en va ainsi pour le personnage masculin du spot « L'eau de Salvetat » dont on peut constater qu'il est effectivement, en permanence, « de loisir » (Cf. note 2). Il en va de même pour le spot *Croustilles de Belin* où deux jeunes gens, manifestement attablés à une terrasse de café, n'ont rien de mieux à faire qu'à s'amuser comme des enfants avec tout de même, comme enjeu, de « payer l'apéro»...

Le troisième spot évoqué (*L'Huile d'olive Rustica de Marque Repère* – E. Leclerc) est particulièrement intéressant du point de vue du fonctionnement empathique que je pointe ici. En effet, la mise en scène du stéréotype de « l'accent du Midi » va bien au-delà d'une caricature qui forcément amplifie. L'alternance dans la bouche même de la jeune fille, conquise par une nouvelle bouteille d'huile d'olive, d'une prononciation hyper-stéréotypée et d'une prononciation parfaitement normée, le spectacle mimo-gestuel auquel elle se livre, et la mobilisation de traits solidarisés: la chaise-longue, la lavande... produisent au final un spectacle qui vise selon moi le deuxième degré et une certaine mise à distance, en somme un fait de dialogisme ostensible producteur d'*ironie* : une sorte de discours critique sur l'utilisation (trop?) consensuelle d'un stéréotype quelque peu usé...

Même si celui-ci est bien confirmé, jusque dans l'excès de dérision. Le gain est sûrement positif si le destinataire apprécie cette mise en scène méta-sémiocognitive...

L'impact durable de l'*unilinguisme* sur la composante représentationnelle de la configuration linguistique française

Lorsque l'on observe l'histoire sociolinguistique et glottopolitique du français on peut considérer que deux processus, l'un concernant les fonctionnements normés du français et l'autre la relation de la langue française (« nationale») aux autres langues concurrentes, sont inspirés par une même idéologie sociolinguistique: l'*unilinguisme* (Boyer 2000), qui a opéré dès l'émergence du français comme langue de la communication sociale selon deux dimensions solidaires : un unilinguisme intralinguistique qui impose de respecter l'intégrité de la langue française, sa « pureté », et un unilinguisme interlinguistique qui vise à imposer l'exclusivité sociétale du français sur le territoire de la France.

On doit donc constater un double principe de coercition porté par cette idéologie linguistique:

> *Une seule* langue. La traduction de l'unilinguisme ici, c'est bien entendu l'*unification linguistique du territoire*, qui coïncide avec l'histoire sociolinguistique de la France et qui se confond avec la construction de l'Etat-Nation.

> *Une seule* norme. Il s'agit de l'autre face de l'*unilinguisme* français complémentaire de la lutte permanente pour l'unification linguistique et qui

intéresse au premier chef notre propos : l'obsession de l'*uniformisation de l'usage de LA langue*, par le respect scrupuleux d'une norme unique, d'un fonctionnement sociolinguistique élitiste.

Pour faire bref on peut dire qu'en France l'indispensable *normativisation* sociolinguistique a subi une dérive : au lieu d'installer des normes grammaticales, lexicales, orthographiques... *ouvertes,* indispensables à la maturité de la communauté linguistique, à la *normalisation* des usages sociolinguistiques, on a sacralisé *une* norme du français, on a idéalisé *un* usage puriste de la langue, on a institutionnalisé - et donc solidifié - *le* Bon Usage, et ce, bien entendu, en phase avec la confirmation d'une tendance profonde à l'unification ethnolinguistique en faveur du seul français. Il est clair que *le* français et son *unique* usage *légitime* ont conjointement et totalement partie liée à l'Etat, dès son entrée dans l'époque moderne.

Par ailleurs, je me suis attaché à démontrer dans un certain nombre de travaux la place fondamentale qui est celle de l'imaginaire de la / des langue-s au sein de toute configuration (*ethnosocio)linguistique* et le poids des idéologies et de l'ensemble du paradigme représentationnel sur la dynamique de cette configuration et des rapports de force qui l'habitent, singulièrement dans des cas de tension avérée sur le marché linguistique (concernant des langues différentes et concurrentes ou des usages différents/divergents de la même langue), que cette tension soit reconnue ou occultée (Boyer 1990, 2003, 2008c).

Le fonctionnement empathique des médias et le stéréotypage

S'intéresser aux mises en scène publicitaires suppose qu'on ait préalablement pris en compte leurs fonctionnements sociosémiotiques dans le cadre du *contrat de communication médiatique*, cher à Patrick Charaudeau (Charaudeau 1983 et Charaudeau et Maingueneau 2002 : 138-141 ; Lochard et Boyer 1998).

La *captation* est le fondement même de toute entreprise de médiatisation : la conquête puis l'élargissement d'un public sont en effet la raison d'être du média.

Les deux principes de base inhérents au Contrat de communication médiatique, le sérieux/la crédibilité et le plaisir/la séduction, ne sauraient se passer d'une troisième exigence ancrée très profondément dans les imaginaires des professionnels de la communication médiatique, l'exigence d'*empathie :* la communication médiatique doit établir une *connivence* avec son public. Elle doit offrir des productions en conformité avec ce que ce public attend (Brune 1993)

Le fonctionnement empathique des médias repose en grande partie sur la mobilisation de l'*imaginaire ethnosocioculturel (collectif)* et donc de croyances, de valeurs, d'images, d'attitudes en vigueur au sein de la communauté culturelle. Les *représentations partagées* sont pour cette communauté autant de filtres permettant de percevoir la réalité, d'interpréter le monde. C'est un puissant facteur d'auto-identification, un ciment culturel indispensable car très consensuel.

La tendance au stéréotypage qu'on a pu observer – pour la dénoncer – dans les médias (voir par ex. Taranger

1997) et surtout à la télévision n'a donc rien d'étonnant. Elle s'inscrit finalement dans la logique du « faire simple » et dans celle de l'*empathie*. Le stéréotype est économe et consensuel. Mais il tend à donner d'une réalité (un lieu, un groupe, un comportement social, une pratique langagière...) une vision figée et réductrice, car il force le trait. Au lieu de promouvoir une perception dynamique (et pas forcément conforme au sentiment le plus généralement répandu) d'un objet social, les médias, surtout la télévision (la force de l'image contribue à la promotion du cliché), dans les JT et les spots publicitaires en tout premier lieu, peuvent contribuer à promouvoir un stéréotype qui, en rencontrant l'adhésion du plus grand nombre, va s'installer dans l'imaginaire de la communauté (Boyer 2003, 2008b).

Émergence et diffusion d'un *marqueur* socio-phonétique

Depuis un certain nombre d'années déjà, une articulation phonétique spécifique se propage en même temps que se répand une *épithèse vocalique* (Carton 1999) de facture voisine: à une façon de prononcer un « e » normalement « caduc » (Arrêt-e!), attestée depuis longtemps certes sur un mode sûrement moins ostensible, s'est associée la production d'un « e » absent de la graphie: « à l'intérieur-e », « bonjour-e! » ... Certes il existe bien un autre « e » « muet » « caduc » prononcé en français, mais *à la méridionale*, qui ne correspond pas à la réalisation sociophonétique en question[1]. Il s'agit d'un *fait d'ordre sociolinguistique* qui est évidemment porteur de sens. Et tout en fonctionnant prioritairement comme marqueur, il tend à se stéréotyper.

Les analyses de Fernand Carton éclairent d'un point de vue phonétique ce phénomène et convergent avec d'autres sollicitées dans ce Chapitre ainsi qu'avec mes propres observations : « à la prolifération de « e » finaux servant d'appuis expressifs après une consonne forte (type *je craqu-e!*), s'est ajoutée l'adjonction fréquente d'une vocoïde parasitaire, après diverses consonnes (type *au r'voir-e!*) » (Carton 1999 : 37). Par ailleurs « cette épithèse n'est un phénomène nouveau que dans la mesure où elle a été associée à un cliché mélodique et s'est généralisée, depuis la fin des années 70, en assumant une fonction de marque stylistique « faubourienne», puis « jeune » [...]. Son emploi, jugé abusif, agace parfois des seniors, qui considèrent cette épithèse comme une affectation, et à ce titre ses réalisations extrêmes semblent de plus en plus stigmatisées [...] Mais ce sont les jeunes femmes qui usent le plus fréquemment de ce trait [...] » (*Ibid* : 42-43)

Cette innovation a envahi la communication orale publique : les échanges en réunion, l'accueil au téléphone, les boniments des vendeuses... sans oublier les discours

---

[1] Comme on le sait, il s'agit d'une variation régionale diversement réalisée dans l'aire concernée. F. Gadet souligne que « les Parisiens caricaturent un « accent du Midi » en plaçant des e muets partout, ce qui n'est pas juste » (Gadet 1989 : 88). Il y a bien dans ce cas également passage d'un *indicateur* à un *marqueur,* victime d'un stéréotypage abouti, auquel les œuvres cinématographiques de Marcel Pagnol ont largement contribué et qu'exploitent la publicité télévisée et diverses productions humoristiques (Weck 2008, Boyer 2003).

(des professionnels comme des invités) tenus dans les émissions radiophoniques et télévisuelles, les spots publicitaires, etc. Il s'agit d'une réalité verbale à laquelle il est donc difficile d'échapper aujourd'hui en France car elle n'a cessé de se répandre au sein d'une partie de notre communauté linguistique.

Je m'arrêterai sur un spot récent, Bio de Danone, qui met en scène cette innovation sociophonétique, sur le mode stéréotypique.

Bio de Danone

Le décor (qui a son importance) : une chambre de bonne (une mansarde). Sur une table basse sont présents à la fois les restes d'un repas à base de pizzas et un ordinateur portable) Deux jeunes filles sont en pleine conversation, qu'on prend en route :

> E1: *...Mais tu te rends compte c'est le désordre à l'intérieur-E. A mon âge ça doit être le stress des exam(s)-E*
>
> E2 : *ouais les exams d'accor(d)-E, mais t'as vu aussi comme on mangE?*
>
> E1 : *Ah ouais t'as raison. T'as une solution ?*
>
> E2 : *Commence par Bio de Danone tous les jours. Tiens, regarde* [après avoir retiré deux yaourts de son réfrigérateur, elle va utiliser l'ordinateur portable pour sa démonstration]
>
> *Voilà. Bio contient du Bifidus actif, un ferment naturel sélectionné par Danone. Bio est actif à l'intérieur et tout est en ordre. Et tu vois, moi, je me sens bien*
>
> E1 [après avoir goûté au fameux yaourt] *Et ce que je vois en plus-E c'est qu'il est super-bon*
>
> E1 et E2 éclatent de rire

En voix off : *Bio de Danone. Actif à l'intérieur et ça se voit à l'extérieur*

Il est clair que la dimension « branchée » de ce spot est en cohérence avec les autres ingrédients de la mise en scène publicitaire : le principal concept décliné est évidemment la jeunesse estudiantine, parfaitement dans la modernité (médiatique en tout premier lieu).

Pierre Léon a observé le processus à « la mode » que Carton (1999) met en relation avec la prolifération de l'épithèse vocalique du type « D'accor-E! ». Il parle du « processus [qui] s'opère actuellement avec l'E caduc, surtout final, qui apparaît [...] dans une distribution autrefois inconnue du français standard. Il est accompagné d'une clausule mélodique généralement stéréotypée, en forme de courbe exclamative ou avec une durée très longue sur un son très plat » (Léon 1993: 185-186).

L'ensemble du phénomène socio-phonétique relève à n'en pas douter du « changement linguistique » dont parle William Labov, changement linguistique fondamentalement lié à la « variation sociale et stylistique » dans la langue, au sein d'une *communauté linguistique* donnée, communauté par nature hétérogène (Labov 1976: 366). Pour Labov « la langue est par définition un instrument que les membres de la communauté utilisent pour communiquer entre eux. Les habitudes idiosyncratiques sont donc extérieures à la langue ainsi conçue, de même que les changements individuels ». Aussi, ce n'est que lorsqu'une nouveauté est employée par un groupe qu'elle devient digne d'intérêt pour le sociolinguiste : « la nouveauté ne s'intègre à la langue que lorsqu'elle se trouve adoptée par d'autres, autrement dit lorsqu'elle se propage. Donc, l'origine d'un changement n'est autre que sa « propagation » » (Labov 1976: 374).

Dans la perspective labovienne, le point de départ du phénomène serait ainsi le suivant :

> Le changement se manifeste d'abord par un trait caractéristique d'un sous-groupe particulier, qui n'attire l'attention de personne. Puis, à mesure qu'il s'étend au sein de ce groupe, il peut se propager vers l'extérieur à la façon d'une onde, touchant en premier lieu les groupes sociaux les plus proches de celui d'où il provient. D'autre part, ce trait linguistique se trouve inévitablement associé aux caractères qu'exprime le groupe d'origine […]. De simple *indicateur* au départ, ce trait linguistique va devenir *marqueur*, porteur d'une « valeur sociale systématique » et peut alors fonctionner comme un stéréotype, « objet de l'attention et des commentaires de tous » (*Ibid* : 426-427).

Les hypothèses de Labov me semblent éclairer parfaitement l'aventure du « changement phonétique en cours » que suppose la prononciation singulière du E *muet/caduc/atone/instable* final (Jollin-Bertocchi 2003 : 63). Pour F. Gadet citant Hansen 1997, le phénomène serait issu du « parler parisien » :

> il « apparaît […] massivement « jeune », et son usage s'est récemment répandu, les stades les plus avancés étant atteints par de jeunes femmes. Il jouit d'une incontestable popularité chez les jeunes, et pourrait donc constituer un changement en cours » (Gadet 2007 : 83).

Sous réserve d'enquêtes complémentaires, la prononciation en question, bien qu'en voie de *stéréotypage* (stéréotypage dû à n'en pas douter à la prolifération d'une réalisation caricaturale), ne semble pas pour l'instant clairement stigmatisée, même si, forcément, elle fait l'objet d'une évaluation négative de la part des tenants d'un unilinguisme intralinguistique pur et dur, hostiles par principe à la variation, comme le souligne Carton 1999. Mais son installation définitive et (relativement) généralisée dans la communauté n'est apparemment pas acquise.[1].

La caractéristique féminine ne serait pas la seule à intégrer ce *marqueur* sociolinguistique;, quatre autres critères peuvent lui être associés: outre la jeunesse et la modernité (déjà évoquées), la *citadinité* (sûrement parisienne à l'origine) et une certaine affectation (Léon 1993: 256).

Incontestablement, la propagation de la nouveauté phonétique a fait bouger les frontières du marquage. Désormais les hommes (mais toujours jeunes, citadins, « branchés ») sont touchés par le changement : la télévision en témoigne quotidiennement. Certains l'ont adopté bien loin de Paris (je l'enregistre à Montpellier). Cela dit, il ne me semble pas atteindre tellement la tranche d'âge supérieure à la cinquantaine, même si l'affectation peut être un critère d'adoption (ponctuel) pour un fonctionnement langagier particulier (par exemple : prise de parole devant un public considéré comme positivement sensible au *marqueur*)[2].

---

[1] Cependant la preuve que le phénomène est déjà soumis à *stéréotypage* et ce depuis quelque temps déjà (mais le *stéréotype sociolinguistique* est-il dûment avéré ?), est donnée par l'utilisation publicitaire qui en est faite ainsi que par d'autres mises en scène humoristiques (voir par exemple Alain Schifres: *Les Hexagons* , Paris, Robert Laffont, 1994, p. 314-315, 317).

[2] Tout ce qui précède conduit à qualifier cette variation à la fois de *diachronique*, de *diatopique*, de *diastratique* et finalement de *diaphasique*.

Le sens d'une *co-variance*

On ne peut manquer, à l'issue de l'observation d'une innovation sociolinguistique (toujours en cours d'une certaine façon), de s'interroger sur la motivation d'un tel phénomène, dans une communauté linguistique ou le « fétichisme de la langue » (Bourdieu et Boltanski 1975) et l'*unilinguisme* règnent sur les représentations et les comportements sociolinguistiques (Boyer 2003). P. Léon observait, en même temps qu'« une standardisation avancée de la prononciation », « l'existence d'un *modèle moderne*, qui montre que les accents augmentent davantage en fonction de variables sociologiques qu'en raison de variables régionales » (Léon 1993: 222) en mettant par ailleurs en évidence le fait qu'« une variable peut [...] être adoptée parce qu'elle est devenue l'*emblème* d'un groupe auquel on veut appartenir, qu'il soit *dialectal* (l'accent québécois, occitan, parisien...) ou *social* (Harvard, Oxford, le 16e arrondissement parisien, les faubourgs de Paris, de New York, etc.) » (*Ibid*: 186).

Il me semble qu'avec le phénomène traité ici, nous sommes en gros dans ce deuxième cas de figure. La promotion du « e » *muet/caduc*, féminin, jeune, moderne, citadin... ou *épithésique* est assurément une innovation de l'ordre de la *distinction* (Bourdieu). Il y a bien à l'intérieur d'un groupe qui se perçoit « en dynamique » une volonté (infra-consciente évidemment) de singularisation, d'autant plus forte que le marché linguistique dominant est normatif et ressenti comme un carcan. Dans ce cas précis de changement linguistique (de portée certes limitée), le sexe féminin joue (à l'intérieur de ce groupe social identifiable par l'âge et la localisation) une partition hors norme, alors que selon les observations sociolinguistiques de Labov en particulier, la règle veut que « quand les femmes jouent un rôle public et sont engagées dans la vie sociale elles montrent une plus grande sensibilité aux normes standard » (Labov 1983 : 69) : ce sont elles qui ont semble-t-il porté en premier l'innovation qui s'est ensuite propagée plus largement dans le groupe des jeunes citadins modernes, comme si les jeunes filles/femmes citadines et modernes (ou se revendiquant comme telles) souhaitaient en terminer avec un statut de dominées. Il y a bien là, de toute évidence, un *fait d'identité* patent.

II. Stéréotype, emblème, mythe :
du figement représentationnel

J'expose ici, à propos d'un type de figement qui relève pleinement de la « culture partagée » (Galisson 1987), une ébauche de modélisation transdisciplinaire, immanquablement hétérodoxe et forcément risquée. Elle s'appuie sur la sollicitation de démarches qui, en général, s'ignorent[1]. Le cœur de l'entreprise est le repérage et l'analyse du fonctionnement en discours des *représentations partagées (« collectives », « sociales »)* au sein d'une communauté nationale donnée : ici la France.

Stéréotypage, stéréotype

Un constituant de l'imaginaire collectif, constituant associé, comme la *représentation*, à une ou plusieurs *idéologie(s)* et qui a un impact sur l'action des individus et des groupes et leurs discours (parfois via un certain type d'*attitude* : le *préjugé*) a fait et fait toujours l'objet de

---

[1] Si une convergence a pu avoir lieu c'était avant tout pour nourrir une réflexion à visée didactologique en direction de publics d'étudiants mais aussi de formateurs de formateurs (étrangers et français) à qui il fallait présenter la structuration d'un imaginaire national et démontrer l'utilité de la fréquentation des discours médiatiques à cet effet.

toutes les attentions, « scientifiques » comme « militantes » : le *stéréotype*.

Il s'agit bien d'une notion très visitée par les sciences de l'homme et de la société (voir par exemple Amossy 1991, Plantin dir. 1993, Dufays 1994, Gauthier éd 2001, Boyer dir. 2007…). On considérera ici qu'il n'est pas utile de lui conférer un statut socio-cognitif fondamentalement différent de la *représentation* au sein du paradigme proposé (Doise 1985): les deux modalités peuvent d'ailleurs fonctionner simultanément au sein d'une même construction idéologique.

On peut définir le *stéréotype* comme une sorte de *représentation* que la notoriété, la fréquence d'usage, la simplicité ont imposé comme évidence à l'ensemble d'une communauté (ou d'un groupe à l'intérieur de la communauté). Il s'agit ainsi d'une *structure socio-cognitive figée*, dont la pertinence pratique en discours est tributaire de son fonctionnement réducteur et univoque et d'une stabilité de contenu rassurante pour les usagers. Cependant, « on le développe et le confirme de cas en cas, on le nourrit d'exemples, on lui reconnaît s'il le faut des exceptions, on l'adapte selon les circonstances en jouant plus ou moins sur l'accentuation de ses traits, et il se pourrait même qu'on le perfectionne à force de s'en servir » (Rouquette 1997: 33).

La question est de savoir, dans cette façon de considérer le stéréotype, quelle est son organisation par rapport à celle de la *représentation*. Peut-on toujours parler avec le *stéréotype* de « *noyau central* » et de « *système périphérique* » (sur cette façon de concevoir la *représentation sociale* et sa structuration, voir par ex. Abric 2002) ?

En mobilisant « deux cadres théoriques bien différents » : « celui de la catégorisation sociale » qui « fait appel à la notion de stéréotype » et « celui des représentations sociales » qui « fait appel à la notion de noyau » il est possible, si l'on suit P. Moliner et J. Vidal, de faire l'hypothèse que « les éléments centraux de la représentation d'un groupe social sont identiques aux éléments stéréotypiques de la catégorisation de ce même groupe » (Moliner et Vidal 2003 : p 158-164). Dans cette façon d'envisager le stéréotype (qui restreint cependant sa pertinence socio-cognitive pratique aux groupes) ce dernier « peut se comprendre comme un schéma simplifié de la catégorie tandis que le noyau doit s'entendre comme la base même de la représentation sociale » (*Ibid* : 164). Mais ce partage très (trop) net entre *représentation* et *catégorisation* ne va pas de soi car « le propre d'une représentation est [bien] de produire un système de catégorisation » (J-C. Abric, cité par Moliner et Vidal 2003 : 158). Par ailleurs, il semble difficile de traiter sur un même plan un fonctionnement socio-cognitif *in vivo* —le *stéréotypage*, et son produit, le *stéréotype*, susceptible de mises en scène (voir par exemple le stéréotype du Marseillais/Provençal/Méridional, dans les spots publicitaires, évoqué dans le premier chapitre — et une *structure discrète*, susceptible d'être observée *in vitro*, au travers d'une expérimentation, comme le *noyau central*. En fait, on est sûrement fondé à « envisager que le stéréotype soit ainsi structuré et/ou qu'il possède une structure hiérarchique comparable à celle de la représentation avec pourquoi pas des croyances du stéréotype centrales et périphériques » (Vidal 2003 : 56). Pour ma part, je fais l'hypothèse (Boyer 2003) d'un fonctionnement socio-cognitif analogue de la représentation et du stéréotype, sur la base de la contribution au *confort identitaire et communicationnel des membres d'un groupe ou/et d'une communauté*. Simplement, dans le cas de la *représentation* la structure doit être envisagée comme complexe et dynamique, et le partage fonctionnel entre le *noyau central* et le *système périphérique* comme fondamental pour assurer la pertinence sociocognitive mais aussi la souplesse d'usage de ladite *représentation*. Dans le cas du *stéréotype*, cette souplesse aurait disparu au profit de la pertinence pragmatique.

En fait, la structure du *stéréotype* ne ferait plus un partage fonctionnel entre *noyau central* et *système périphérique* (comme si le *noyau* avait absorbé le *système périphérique*): pour une efficacité maximale elle serait réduite à un ensemble figé (et donc forcément limité) de traits, totalement solidaires et donc en définitive, selon des degrés divers, aléatoires en discours. Il en va ainsi avec le *stéréotype* du Marseillais/Provençal/Méridional. Même s'ils peuvent être regroupés selon le type de référent concerné (traits phonétiques, traits kinésiques, traits comportementaux...) il serait vain de vouloir établir une hiérarchie dans les traits constitutifs : qu'il s'agisse de l'intonation « chantante », de l'articulation caricaturale du « e » muet, de l'exubérance gestuelle, de la disposition naturelle au repos, du tempérament hâbleur et fabulateur..., les spots publicitaires diffusés sur les chaînes de télévision ne font pas dans la nuance[1]. L'association de traits, à géométrie variable, n'est plus liée au contexte d'exploitation car *le contenu du stéréotype est nécessairement compact*. Et le stéréotypage, processus de figement représentationnel dont le stéréotype est le produit, semble bien être un processus socio-cognitif inéluctable au sein des communautés humaines[2].

Économe, stable, consensuel : autant de qualités qui rendent le *stéréotype* rentable d'un point de vue communicationnel. Il est évident que sa pertinence tient largement à son immersion totale dans la pensée sociale/commune. C'est du reste ce qui explique que les médias en font un usage immodéré, singulièrement dans les *sociétés médiatisées*. Si, comme on l'a indiqué, les médias ne créent pas de toutes pièces les stéréotypes, ils contribuent largement au processus de stéréotypage (Boyer et Lochard 1998). Les médias qui cultivent le « second degré » (flattant des lecteurs ainsi supposés avertis) peuvent fort bien se proposer de « casser » le stéréotype en dénonçant son fonctionnement réducteur et son objet étroitement circonscrit. Il n'en reste pas moins que c'est bien un privilège du discours médiatique ; mais encore faut-il que le média soit légitimé pour le

---

[1] Du reste, afin de saturer comme il se doit le discours de marques d'empathie, ici comme ailleurs les mises en scène publicitaires ne se privent pas d' « en rajouter » : avec l'atmosphère sonore (par ex. le chant des cigales, parfois assourdissant, la musique provençale ...) ou l'environnement « naturel » (les champs de lavande), au gré des spots. Mais ce n'est plus d'adaptation qu'il s'agit, comme avec la *représentation* : les traits mobilisés sont tout à la fois (supposés) motivés du point de vue socio-cognitif et aléatoires dans leur mise en discours.

[2] À cet égard, scientifiquement, on ne saurait a priori être « pour ou contre le stéréotype » (Gauthier 2001).

faire. Il en est ainsi avec le dessin de Pancho dans *Le Monde,* reproduit ci-après, à propos du *stéréotype* du *travailleur immigré*. Il y a là comme une insistance sur le haut degré d'empathie affecté au *stéréotype* en discours médiatique[1].

Le Monde des 10-11 avril 2005 (article de Babette Stern, dessin de Pancho)

D'une manière générale, le stéréotype remplit indéniablement une fonction identitaire dans une communauté donnée (ou dans un groupe donné au sein d'une communauté). Qu'il soit négatif ou positif il s'agit bien d'un filtre ethnosocioculturel. Il convient d'observer également que tout comme la *représentation* mais avec encore plus de force, le *stéréotype* fonctionne plus ou

---

[1] Reproduit avec l'aimable autorisation de Pancho et du *Monde*

moins ostensiblement comme un (pseudo)argument : son efficacité dialogique, peu coûteuse, en fait un ingrédient (inter)discursif irremplaçable.

Par ailleurs le *stéréotypage* ne saurait être affecté uniquement aux groupes humains : il peut concerner un espace urbain (la « banlieue ») (Boyer et Lochard 1998), un comportement sexuel (l' « homosexualité »), un sport (« Le Rugby à XV»), un animal (« le dauphin»)... (voir par ex. Boyer dir. 2007).

Catégorisation et *symbolisation*

Le paradigme représentationnel (dont il a déjà été question) peut être articulé à deux types de *cognition sociale* : la *catégorisation* et la *symbolisation* (collectives, sociales ...). La catégorisation relève de l'identification, du classement, de l'« étiquetage »;, la symbolisation relève de la distinction. Catégorisation et symbolisation font subir, en particulier par l'efficace de la *sémiotisation médiatique* (au sein d'une société précisément ultramédiatisée), un traitement de l'ordre du figement aux *représentations partagées* (relevant d'une ou de plusieurs *idéologies*) sur lesquelles les deux types de cognition sociale s'appuient. Si le figement est de l'ordre du *stéréotypage* pour ce qui concerne la *catégorisation*, il est de l'ordre de l'*emblématisation* et de la *mythification* pour ce qui concerne la *symbolisation*. C'est-à-dire que sur le même plan interdiscursif fonctionnent trois sortes de figements représentationnels : le *stéréotype*, l'*emblème*, le *mythe*. Les trois habitent les mises en discours/scène médiatiques sous des formes plus ou moins spécifiques, selon la modalité du figement.

Dans le cas du *stéréotype*, la diversité et la complexité des objets sociaux catégorisés sont neutralisées par une opération de simplification drastique. Il vient d'en être question.

L'*emblème* relève également du figement représentationnel et opère aussi bien sur des acteurs (Zinedine Zidane = « Zizou ») que sur des produits culturels (par ex une chanson : « Douce France »). L'emblématisation s'applique à un *singulier* tellement notoire et représentatif qu'il incarne le *général* (pour les cas cités : l'intégration réussie;, la France rurale, unie, paisible...).

Le *mythe* opère sur un singulier hors-norme, non seulement saisi par une exemplarité indiscutable mais surtout transcendé par l'Histoire ou/et la Morale. Comme le souligne R. Amossy le personnage d'exception mythifié est l'objet d'une « valorisation positive quasi inconditionnelle » (Amossy 1991 : 101), d'une sublimation et le plus souvent d'un authentique culte (officiel).

Dans ces deux derniers cas il y a bien *symbolisation* : mais alors qu'avec l'*emblématisation* on reste dans le cadre d'une *représentativité notoire* (« Poitiers »= haut-lieu et symbole de la lutte victorieuse contre une invasion étrangère, en l'occurrence l'invasion des Arabes venus d'Espagne), avec la *mythification* on passe dans l'ordre d'une *exemplarité sublimée* (« Jeanne d'Arc » = héroïne de la libération du territoire et martyre).

Aux critères de permanence et d'unanimité au sein de la communauté culturelle concernée, avec la mythification s'ajoute souvent la nature tragique de la geste dont le personnage mythifié est le héros : Jean Moulin, héros et martyr de la Résistance est un cas parfait de mythification achevée, dont toute mise en cause s'expose à une riposte « autorisée ».

L'Abbé Pierre a été soumis de son vivant à un processus de mythification continu (dû à la pugnacité et à la longévité de son action humanitaire en faveur des sans-logis et au-delà des plus humbles, à l'austérité de sa vie et de sa retraite… et quelque peu à son savoir-faire médiatique éprouvé). Reste à observer si l'Abbé Pierre s'est installé durablement comme mythe, après sa mort (très médiatisée), dans notre imaginaire collectif.

Roland Barthes, dans ses *Mythologies* (ouvrage sur lequel je reviendrai), avait consacré un chapitre à l'abbé Pierre, axé sur son « iconographie », qui célébrait « la tête de l'abbé » (Barthes 1957: 54-56). Il me semble que si le personnage était un « mythe » au sens sémiologique donné par Barthes à ce terme, il n'avait alors qu'un pied dans la mythification telle que je l'entends, mais un bon pied tout de même. Et en brillant pourfendeur de l'« idéologie bourgeoise », Barthes ne manque pas de « [se] demander si la belle et touchante iconographie de l'abbé Pierre n'est pas l'alibi dont une bonne partie de la nation s'autorise, une fois de plus, pour substituer impunément *les signes* de la charité à *la réalité* de la justice » (Barthes 1957: 56; c'est moi qui souligne).

Un demi-siècle plus tard et une médiatisation télévisuelle en plus, la mythification semble consommée, même si l'Abbé s'était offert le luxe de protester à la télévision (reportage de l'émission « 7 à 8 » sur TF1, le dimanche 13 janvier 2002) contre cette entreprise de *mythification* largement tributaire de sa surexposition laudative à la télévision. Quand l'Abbé Pierre meurt, à l'âge de 94 ans, en janvier 2007, les Journaux télévisés du soir de TF1 et

FR2 rappellent le « célèbre appel » de l'hiver 54 en défense des sans-logis et le fait que le fondateur d'Emmaüs fut durablement la personnalité préférée des Français; ils rappellent aussi son engagement dans la Résistance. Et on souligne un « consensus assez rare »[1] Comme l'écrit Henri Tincq dans Le Monde[2], « la France a besoin de figures consensuelles pour se donner l'illusion qu' « elle reste unie et peut avancer en compagnie de tels mythes ».

Même si les *mythes* sont forcément en nombre limité dans un imaginaire communautaire donné, il est permis de constater, dans notre communauté nationale, un certain déficit de *mythes* dans la dernière période. Comme le souligne J.-P. Albert, « dans la France contemporaine, le panthéon officiel des héros nationaux est en déclin [...] Mais on voit parallèlement émerger de l'actualité de nouvelles figures investies, pour quelques jours ou quelques années, de la tâche de nourrir un sentiment [...] d'appartenance à la nation : coureurs cyclistes, joueurs de football, lauréats d'un prix Nobel, vedettes du cinéma ou du music-hall » (Albert 1998: 26)

À cet égard le « Top 50 » des « personnalités qui comptent le plus pour [les Français] ou qu'ils aiment le mieux», publié régulièrement dans Le Journal du Dimanche est éclairant. Lors de l'intronisation en août 2000, à la première place du palmarès des « Français

---

[1] D'aucuns (rarissimes) n'oublieront pas cependant de rappeler la valse hésitation de l'Abbé concernant l'usage du préservatif dans la lutte contre le SIDA.

[2] « L'abbé Pierre à la hauteur du mythe », Le Monde du 24-01-07.

préférés des Français », de Zidedine Zidane, première place conquise en détrônant... l'Abbé Pierre, l'éditorial du *Journal du Dimanche* célébrait d'une formule éminemment médiatique l'« [union] sur un même podium [des] symboles de deux mondes opposés : le short et la soutane »[1]...

L'*emblématisation* telle qu'elle est conçue ici n'est pas un degré inférieur à celui de la *mythification* dans l'échelle de la *symbolisation* ethnosocioculturelle communautaire. Il se peut que tel *emblème* soit candidat au statut de mythe : on songe à Brigitte Barbot, bien partie, mais qui semble avoir échoué, et depuis longtemps, à franchir les dernières marches.[2] Mais d'une manière générale les deux processus de figement n'ont pas les mêmes caractéristiques dans l'ordre de la *distinction*.

Pour reprendre le cas de Zinédine Zidane, on peut affirmer que le meilleur des « Bleus » est devenu, lui paradoxalement piètre communiquant, avec le concours efficace des médias (tous genres confondus), autre chose qu'une star. On ne peut que souscrire à l'analyse proposée par l'éditorial du *Journal du Dimanche* déjà cité :

> ce que les Français plébiscitent en Zidane, c'est le couronnement d'un joueur au sommet de son art mais qui a su rester lui-même, se souvient d'où il vient (l'Algérie, les faubourgs de Marseille). Père et époux attentif, il ne court ni après les honneurs ni après les micros. Un héros modeste, à

---

[1] J-C. Maurice, « La France de Zidane », *Le Journal du Dimanche*, 6 août 2000.

[2] Je ne considère donc pas que Brigitte Bardot ait été/soit un *mythe* (Amossy 1991 : 103-104) au sens proposé ici mais bien plutôt un *emblème* (de la Lolita française de l'après-guerre, émancipée à souhait).

visage humain, et *un exemple* –pourquoi le cacher ? – *de l'intégration réussie (Ibid.* C'est moi qui souligne).

Retour à l'*idéologie* : … « *parole dépolitisée* » ?

On admettra aisément que dans l'édifice dont je viens d'exposer les grandes lignes les médias (la *sémiotisation médiatique*) sont un élément décisif concernant la promotion et la circulation des constituants des imaginaires collectifs, singulièrement ceux qui sont figés, pour cause de recherche maximale d'empathie et donc de soumission au « discours anonyme », à cette « idéologie ambiante, une idéologie qui n'a pas de nom », « qu'il est difficile de […] saisir dans son ensemble, compte tenu précisément de sa nature impersonnelle et mouvante » : « l'idéologie anonyme » (Brune 1993 : 16). Cette idéologie, il me semble que c'est bien celle que R Barthes appelait « idéologie bourgeoise » (Barthes 1957). Pour lui, « le mythe est constitué par la déperdition de la qualité historique des choses » : « *le mythe est une parole dépolitisée* ». Et le sémiologue faisait observer qu'« il faut […] donner une valeur active au préfixe *dé* : il représente […] un mouvement opératoire, il actualise sans cesse une défection » (Barthes 1957: 230). Barthes précise le caractère idéologique de cette « défection », de cette essentialisation: « En passant de l'histoire à la nature, le mythe fait une économie: il abolit la complexité des actes humains, leur donne la simplicité des essences, il supprime toute dialectique, toute remontée au-delà du visible immédiat, il organise un monde sans contradictions parce que sans profondeur, un monde étalé dans l'évidence, il fonde une clarté heureuse: les choses ont l'air de signifier toutes seules » (*Ibid*: 231).

Questions : le *mythe* tel que je l'entends ici correspond-il au *mythe* barthésien ? Les produits du figement représentationnel décrits dans ce qui précède sont-ils au même titre des « paroles dépolitisées », *in fine* des productions/réductions idéologiques ?

Si l'on observe la liste des objets traités dans *Mythologies* comme « mythes contemporains » on constate que le point commun de la plupart des objets en question, c'est d'être avant tout des composants de *francité* exposés à l'appétit (pour ne pas dire à la fringale) sémiologique de Barthes. Certains peuvent être considérés comme des *emblèmes* (« La nouvelle Citroën » ?), ou même des *stéréotypes* (Amossy 1991 : 102) (« Le bifteck et les frites » ?). Les *mythes* (au sensque je donne à la notion), sont plutôt rares (« Le Tour de France comme épopée », « Iconographie de l'abbé Pierre » ?) La réponse à la première question est globalement négative.

Les trois figures de figement qui viennent d'être observées ont bien en commun d'être pour une large part des « avatars médiaculturels »[1]. Certes pour une large part seulement car « toute la sociologie de la réception des médiacultures montre que ce n'est pas le contenu des médias qui commande la production du sens, mais la rencontre entre des représentations et des discours médiatiques complexes avec l'expérience sociale et

---

[1] Pour E. Macé, « c'est pour dépasser les ambivalences des connotations du terme masse qu'on préfère substituer l'expression culture de masse par le terme de « médiacultures », « culture » étant pris au « sens anthropologique de culture commune, de production du sens et de ressource interprétative ». Et « le terme *médiacultures* renvoie [...] *à la fois aux terrains concrets que sont les industries culturelles, leurs produits et les usages qui en sont faits*, et à la forme spécifique de construction sociale de la réalité qu'est la *médiation médiatique* » (Macé 2006 : 30-31).

culturelle (elle-même complexe) de celui qui les interprète ». Par ailleurs, « [les médiacultures] ne peuvent formuler et mettre en forme que des *conformismes provisoires* reflétant l'état supposé des tensions au sein de la sphère publique et de l'imaginaire collectif du moment » (Macé 2006 : 34-35). C'est dire que les figements dont il a été question et leurs produits n'ont rien d'a-historiques pas plus qu'ils ne sont éternels. Ils sont des indicateurs de premier choix pour l'observation de l'état *présent* d'un imaginaire ethnosocioculturel collectif : de l'opinion publique, de l' « air du temps», mais aussi des tendances lourdes de cet imaginaire et de la société avec laquelle il est en interaction (Boyer 2003)[1].

Quant à la réponse à la deuxième question posée plus haut de savoir si les trois produits du figement représentationnel décrits sont ou non également des « paroles dépolitisées » la réponse est plutôt positive

---

[1] Par ailleurs l'analyse de fonctionnements médiatiques circonstanciés comme par exemple celle que j'ai conduite avec G. Lochard à propos de la médiatisation télévisuelle de la « crise des banlieues » (Boyer et Lochard 1998), tempère l'affirmation de R. Amossy pour qui « si l'analyse du discours médiatique mobilise la notion de stéréotype pris au sens large du terme, ce n'est pas parce que les médias privilégient plus particulièrement les schémas collectifs figés : c'est parce que toute communication se fonde nécessairement sur des représentations et des opinions partagées » (Amossy 2005a : 109). S'il est incontestable que tout échange et donc toute interaction ont une dimension forcément empathique (*dialogisme* oblige), au sein de la communication médiatique le *principe d'empathie* est l'un des trois piliers de l'*impératif de captation*, qui fonde l'existence même de ce type de communication. (Lochard et Boyer 1998), d'où la tentation permanente du réductionnisme et le risque de caricature qui guette un discours médiatique soumis sans retenue au *principe d'empathie* : « moins l'élaboration du propos est exigeante, plus facilement les idées reçues peuvent s'y retrouver avec leur cortège de simplifications, d'approximations et de déformations » (Taranger 1997 : 33). Mais une autre construction, *problématisante*, et donc d'autres effets restent toujours possibles (Boyer et Lochard 1998, Windisch 1991).

dans la mesure où on doit observer avec le *mythe*, mais aussi avec l'*emblème* et le *stéréotype* une légitimation des « cadres d'interprétation idéologique à travers l'évidence non interrogée des « allants de soi» » (Macé 2006 : 114). S'il est bien question ici d'une « idéologie anonyme » (Brune 1993), c'est une idéologie qui *se donne comme* anonyme. Et l'on peut être réservé face à l'appellation utilisée par Barthes, dans les années 50, d'« idéologie bourgeoise » (Barthes 1957): elle date assurément.[1] Par ailleurs elle est trop réductrice et générique pour rendre compte de la réalité des fonctionnements idéologiques concernés par les « avatars médiaculturels » examinés dans ce chapitre : « en dépliant [...] les avatars médiaculturels, on montre les représentations qui président à la définition de soi des sociétés nationales » (Macé 2006 : 35) (les *représentations* mais aussi les *idéologies* auxquelles participent ces *représentations*). Et il n'est pas interdit de s'interroger sur la formulation barthésienne de « parole *dépolitisée* » (c'est moi qui souligne), avec insistance sur la « valeur active » du *dé*. Je préfèrerais parler de « parole a-politique » : car il s'agit bien d'un « allant de soi » (Barthes 1957: 231)[2].

---

[1] Cependant Barthes parlait de « la bourgeoisie comme société anonyme » (Barthes 1957: 224).

[2] Que le *mythe* soit une « parole a-politique », un *discours anonyme*, n'empêche en rien, bien au contraire, qu'on cherche à le politiser, que tel ou tel parti veuille se l'approprier. Le Front National en premier a bien tenté d'instrumentaliser le mythe de Jeanne d'Arc. Les autres partis, par la voix de leurs leaders n'ont pas tardé à dénoncer ce détournement politicien : Jacques Chirac, Nicolas Sarkozy, François Hollande... ont à leur tour apporté leur pierre à la perpétuation du *mythe Jeanne d'Arc* et de sa célébration civique.

III. Pour une sémiotique de la *patrimonialisation*.

Les *identitèmes*

L'ère de la *patrimonialisation* ?[1]

On peut reprocher à la préoccupation qui inspire mon propos d'être sensible à un certain air du temps, en apparence (en apparence seulement) paradoxal en cette période de course à la mondialisation. Ce n'est pas totalement faux si l'on veut bien considérer que l'air du temps n'est pas seulement de l'ordre de la mode passagère mais qu'il est porteur d'une authentique dynamique socioculturelle dont il est difficile de mesurer la profondeur et de prévoir la durée mais que l'analyse sémiologique, en particulier, ne saurait ignorer. Et le « patrimoine » comme la « patrimonialisation » sont bien des objets d'étude que les sciences sociales ont investi tout particulièrement avec la montée en puissance d'une

---

[1] Pierre Nora intitule son texte de clôture à l'ouvrage collectif *Les lieux de mémoire* : « L'ère de la commémoration », texte dans lequel il avance plusieurs observations qui ne sont pas sans analogie avec les réflexions présentées dans ce chapitre, comme celle-ci par exemple : « Identité, mémoire, patrimoine : les trois mots clés de la conscience contemporaine, les trois faces du nouveau continent culture. Trois mots voisins, fortement connotés, chargés de sens multiples qui s'appellent et s'appuient les uns les autres… » (Nora 1997: 4713).

« idéologie territoriale » visant à « construire une identité des territoires » au travers de la *patrimonialisation* (Crozat et Bartement 2011: 60; voir également Fournier, Crozat, Bernié-Boissard, Chastagner 2012)[1]. Et il n'est pas douteux que « les revendications patrimoniales demeurent centrales dans la construction des identités locales » (Crozat et Bartement 2011 : 70) et qu'elles fonctionnent en définitive comme antidote/riposte/alternative à une globalisation qui fait fi des singularités: le niveau européen étant à cet égard un échelon bien identifié d'une globalisation sinon rejetée du moins décriée pour diverses raisons.

Une preuve manifeste de cette tendance est à n'en pas douter la *production collective d'identité* et son corollaire la *patrimonialisation* dans lesquelles se sont engagées en particulier nombre de collectivités territoriales en France au rythme des développements de la décentralisation politico-administrative. Qu'il s'agisse de l'entreprise de patrimonialisation opérée autour de la découverte d'un site préhistorique comme la grotte Chauvet en Ardèche et de son exploitation (Drouard 2011) ou de la valorisation d'une richesse ethnolinguistique comme le fait la Région Rhône-Alpes avec les *langues régionales* de son territoire (occitan et franco-provençal) (Costa et Bert 2011) il y a bien mise en évidence/en scène, au travers de stratégies de communication institutionnelle, d'un trait/fait différenciateur, d'un supplément identitaire de la collectivité territoriale concernée, perçus, dans une logique concurrentielle, comme pourvoyeurs de profit(s)

---

[1] « Idéologie territoriale » et recherche d'une « identité des territoires » rejetée fermement par ceux qui dénoncent un « nouvel égoïsme territorial » (voir par ex. L. Davezies, *Le nouvel égoïsme territorial*, Paris, Seuil/La République des Idées, 2015).

et pas seulement dans l'ordre du symbolique (Boyer et Cardy éds. 2011).

À cet égard, les cas de *redénominations* (ou de tentatives de redénominations) de territoires ou de dénominations de nouveaux territoires sont riches d'enseignement (voir par ex. Akin éd. 1999). Ils illustrent le fonctionnement bivalent (*sociolinguistique* tout autant que *pragmatique*) du nom propre de lieu : un fonctionnement dans lequel une orientation *perlocutoire* se superpose à une orientation *illocutoire* (Austin 1970) et qui m'a fait écrire que « le toponyme est souvent plus qu'un toponyme » (Boyer 2008a : 10; Boyer et Paveau éds. 2008). Ils illustrent également le fait que le marquage identitaire des territoires passe aussi par la dénomination toponymique et que plus ladite dénomination est susceptible d'afficher un patrimoine valorisant, plus elle est considérée comme pertinente. Qu'on songe à la modification revendiquée et obtenue du Département des Côtes du Nord devenu en 1990 Département des Côtes d'Armor : une redénomination qui, outre qu'elle corrige une erreur de localisation (la Collectivité en question se situant à l'Ouest de l'Hexagone et non au Nord), ancre le territoire départemental dans l'aire linguistique et culturelle celtique, patrimonialisant un territoire jusque-là sans qualité spéciale au sein de la carte des départements français. En effet, « grâce au qualificatif *Armor*, les Côtes se situent en Bretagne», *Ar Mor* signifiant « la mer » en breton (Grégory 2011 : 22; voir également Le Bart et Procureur 2011). Qu'on songe également à la résistance collective à la redénomination que voulait imposer le Président Georges Frêche (en 2005) à sa Région, jusque-là nommée Languedoc-Roussillon, résistance venue principalement du

Roussillon, revendiquant ainsi l'identité pour partie catalane du territoire régional (Boyer 2008a) et s'opposant en cela au toponyme « Septimanie » qui occultait la dimension bi-identitaire (occitane/catalane) du toponyme choisi par consensus en 1960.

Extension du domaine de la *patrimonialisation*

La patrimonialisation territorialiste institutionnelle évoquée dans ce qui précède et dont l'importance n'a échappé à aucun observateur (sociologue, géographe, politologue...) sérieux n'est en fait que l'une des modalités du processus socioculturel qui m'intéresse ici, sûrement la plus proprement spectaculaire de par son (relativement) récent développement et ses retombées[1].

Cette modalité ne doit pas cependant occulter une autre modalité, relevant tout autant de la sémiotique que de la sociolinguistique ou de l'anthropologie culturelle, et qui ne concerne pas seulement les lieux et donc la dénomination toponymique (impliquée largement dans la première modalité évoquée) mais également d'autres *objets* du réel/du vécu sociétal comme les personnes, les événements, les périodes, les dates... présentant une singularité/unicité avérée. On parle alors pour les *noms propres* ou même certains *noms communs* renvoyant aux objets en question :

>-de *toponymes* : « Marseille », « Verdun », « L'Alsace et la Lorraine »,

---

[1] Qu'on songe à l'impact de la labellisation d'un site comme « Patrimoine mondial de l'Humanité » par l'UNESCO.

-d'*anthroponymes* « Bécassine », « l'Abbé Pierre », « Jeanne d'Arc », « Jean Moulin »...

-de *praxonymes*, « La Résistance », « Les 35 heures », « les Droits de l'Homme »,

-de *chrononymes*, « La Fronde », « La Belle Epoque », « Mai 68 », « Les Lumières », « Le Front Populaire »...

-d'*héméronymes,* « le 10 mai 1981 », « le 14 juillet », « 36 », « 14-18 »,

-d'*ethnonymes*, les « Gaulois », les « Auvergnats », les « Ritals », les « Latinos », les « Gitans »/ « Roms »/ « Tziganes » ...

-et même, on le verra, de *logonymes.*

(voir en particulier Leroy 2004, Bacot, Douzou, Honoré 2008, Calabrese Steimberg 2008).

On considèrera ici cette modalité de patrimonialisation comme l'*intégration dans l'ensemble des repères identitaires de la communauté nationale concernée, après figement, de signes ethnosocioculturels dont la teneur symbolique (emblématique/mythique) fait l'objet d'un consensus quasi général au sein de ladite communauté (qui se manifeste au travers de diverses sortes de mises en texte/scène), signes ethnosocioculturels qui fonctionnent comme unités sémiolinguistiques autonomes et de nature fondamentalement dialogique, singulièrement aujourd'hui dans l'interdiscours médiatique dominant.*

Culturèmes et *identitèmes*

Ce qui intéressera mon propos dans les lignes qui suivent ce sont plus particulièrement ces mots, groupes de mots et au-delà, qui ne sont pas que des dénominations de personnes, de lieux ou de périodes: des « mots plus culturels que les autres » (Galisson 1987), fonctionnant certes dans un paradigme de nature linguistique mais surtout des signes pourvus d'une *connotation ethnosocioculturelle* indiscutablement notoire et stabilisée[1] et qui intègrent un ensemble d'unités de nature diverse : lexies de formats divers, « formules», « lieux discursifs » (Krieg-Planque 2009)... mais aussi productions scripto-iconiques, audio-visuelles... Cet ensemble a la particularité d'être soumis à une pression identitaire génératrice de patrimonialisation : pour désigner ces unités de divers types, certains traductologues (par ex. Cuciuc 2011, Lungu Badea 2009) et des didacticiens (par ex Collès 2007) utilisent le concept de *culturème*[2]. Selon Luque Nadal (2009: 96), « ...tout item symbolique qui pour diverses raisons est parvenu à revêtir une saillance particulière dans la langue et est utilisé comme monnaie d'échange par les locuteurs dans leur communication orale ou écrite est potentiellement un culturème». Encore faut-il que ces unités (de nature langagière diverse, éventuellement sémiotiquement composites / hétérogènes) relèvent d'un *fonctionnement ethnosocioculturel* avéré. Cependant les

---

[1] R. Galisson (1987) parle de « charge culturelle partagée ».

[2] Voir également Moles 1969, faisant référence à Lévi-Strauss. J'ai appelé ailleurs (Boyer 2014b) *sémioculturèmes* les signes concernés, précisément pour pointer leur fonctionnement *sémiotique*.

culturèmes n'acquièrent pas forcément le statut d'*identitèmes*.

« Foulard » et « voile » sont bien des *culturèmes* français depuis deux décennies (à la suite de « L'affaire des foulards de Creil » à l'automne 1989) (Boyer 1993) mais ne sont pas pour l'heure des *identitèmes* (il en sera question dans ce qui suit).

Si les *identitèmes* sémiolinguistiques relèvent comme les *culturèmes* d'une dynamique de *patrimonialisation* (laquelle passe obligatoirement par un figement sémiotique[1]), dans le cas de l'*identitème* on peut dire que ce processus a abouti à une stabilité et une notoriété incontestables et que les éléments concernés deviennent autant de « lieux de mémoire » au sens de Pierre Nora (Nora 1997) qui fonctionnent dans l'*imaginaire collectif* au sein d'une communauté nationale, régionale... ou même sur une aire culturelle qui excède les frontières d'un pays[2].

Sur la base de la figuration du *mythe* proposée par Roland Barthes (Barthes 1957) à partir du modèle saussurien, je schématiserais volontiers comme suit le changement de

---

[1] Ils sont susceptibles (pour certains) de fonctionner comme antonomase et par ailleurs pour ce qui concerne les énoncés/syntagmes, « formules »... , ils peuvent faire l'objet d'un défigement conduisant à un *palimpseste* (Fiala et Habert 1989, Galisson 1995, Genette 1982). Il en sera question plus loin.

[2] Il convient de rappeler ici que l'*imaginaire collectif (ethnosocioculturel)* de la communauté est composé de *représentations partagées, plus ou moins affectées par le stéréotypage*. On peut repérer deux grandes strates de cet imaginaire, qui sont en interrelation : - une strate pour une large part « archéologique », intégrée par des représentations liées à l'Histoire et à la Mémoire de la communauté nationale ; - une strate « socioculturelle » qui concerne les représentations sociales de la communauté (exposées au stéréotypage) (Boyer 2003).

nature sémiologique que suppose l'émergence du *culturème*[1] puis celle (aléatoire) de l'*identitème* par rapport au *signe* linguistique ou/et iconique qui en constitue le fondement (le schéma ci-dessous tente de décrire le processus dont il vient d'être question).

---

[1] Comme « système sémiologique second » (Barthes 1957: 199).

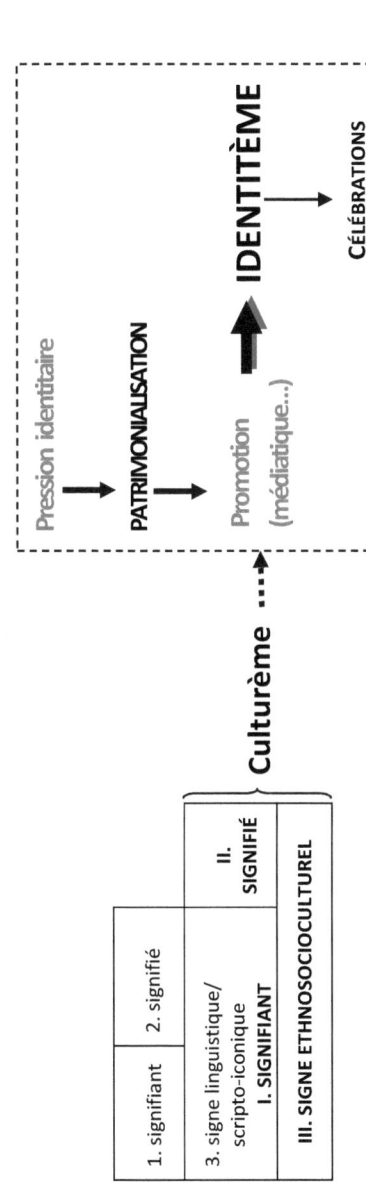

Le *signe ethnosocioculturel* qui constitue le *culturème* ne peut prétendre au statut d'*identitème* s'il n'est pas pris en charge par l'*interdiscours* dominant principalement véhiculé par les médias, lesquels sont de nos jours des instances de patrimonialisation (sélectives bien entendu, mais dans le respect du *principe d'empathie*) car ils sont « enracinés dans un territoire, privilégiant les valeurs, les conflits, les perspectives qui organisent la réalité de ce territoire » (Esquenazi 2002 : 31). Une fois le *culturème* promu *identitème* (pour une durée indécidable) il ne reste plus qu'à organiser des célébrations au sein de la communauté (et prioritairement médiatiques) afin d'en confirmer la patrimonialisation. C'est du reste l'étendue et la continuité de ces célébrations qui donnent la mesure de la promotion du *culturème* au statut d'*identitème*.

Le *Tour de France*, fait culturel national (annuel) est à n'en pas douter un *culturème* mais qui, bien au-delà de la reconnaissance d'un grand événement sportif, avec sa désignation familière désormais labellisée et traitée comme telle dans les médias français et étrangers : « Le Tour », [1] illustre la spécificité de l'*identitème sémiolinguistique*. Si l'on prend l'exemple de chansons populaires : *Les Champs Elysées* (de Joe Dassin) sont peut-être encore un *culturème* (voir l'usage comme hymne d'accueil qui en a été fait en Indonésie à l'occasion d'une visite présidentielle de François Hollande), ils n'ont pas cependant à mon avis le statut d'*identitème* qu'a obtenu *Douce France* de Charles Trenet (et qui sert de slogan ou

---

[1] Les médias français affectionnent également le désignant : « la grande boucle ».

encore de fond musical pour des publicités, des clips, des documentaires...).

On identifiera le signe « Olé ! » comme un *identitème* sémiolinguistique hispanique, la devise « Liberté, Egalité, Fraternité » comme un *identitème* sémiolinguistique français lié à la République française, mais qui s'exportent en s'actualisant aisément... Car le territoire de diffusion des *identitèmes sémiolinguistiques* peut être plus ou moins circonscrit, jusqu'à déborder des frontières géolinguistiques de leur communauté d'émergence.

L'*identitème* (tout comme le *culturème*) peut être plus ou moins clivant. L'exemple de « laïcité » est là pour le montrer, ou encore « Poitiers », « L'Occupation » ou « Mai 68 » ... Et les *identitèmes*, comme les *représentations partagées* (*sociales/culturelles*) qu'ils véhiculent, ont tendance à apparaître ou/et à prospérer en contexte de conflit, de crise[1] (Rouquette et Rateau 1998).

Un autre exemple de fonctionnement transcommunautaire de certains identitèmes est le célèbre « No pasarán ! » dont la séquence historique (et tragique) originelle est la Guerre civile espagnole[2] et qui est toujours disponible (en langue espagnole) pour la proclamation d'une volonté absolue de résistance à un

---

[1] Tout comme les « nexus » (du type « Liberté », « République »...) identifiés par Michel-Louis Rouquette au sein de la *pensée sociale* (Guimelli 1999: 99-102; Rouquette dir. 2009).

[2] « Ils ne passeront pas ! », célébrissime mot d'ordre lancé du balcon du Ministère de l'Intérieur lors de l'offensive franquiste contre Madrid, le 19 juillet 1936, qui deviendra porteur d'une charge emblématique universelle, et dont on peut observer le maintien, dans les usages discursifs (en Espagne comme dans d'autres pays).

ennemi déclaré (et pouvant être utilisé dans d'autres univers de discours que politique ou militaire). Du reste il en est de même pour *pasionaria*, identitème lié historiquement à « No pasarán! »[1].

Le document scripto-iconique ci-dessous (Document 1) fait se rencontrer (à l'occasion d'un match de football France-Espagne) deux identitèmes hispaniques à teneur ethnosocioculturelle bien différente : l'un lié à la tauromachie et à la *Feria* (le taureau de combat) et l'autre, dont la teneur politique est ici neutralisée : « No pasarán ! » (exclamation dont on conserve même l'authenticité graphique : les deux points d'exclamation inversés pour la phrase exclamative) :

---

[1] L'aventure de cette *antonomase* est à cet égard singulière en ce qu'elle révèle comme un continuum dans le figement représentationnel que subit la nomination, entre mythe, emblème et stéréotype. En effet, il est indéniable que le point de départ de l'aventure en question est une emblématisation : Dolores Ibarruri, « la » *Pasionaria* de la Guerre civile espagnole (députée communiste), est l'emblème de l'engagement révolutionnaire total et fervent pour la liberté et contre les forces totalitaires, ainsi que pour l'émancipation des femmes. Il est tout aussi évident que cet emblème, servi par un charisme inédit dans le mouvement ouvrier espagnol, celui d'une femme issue du peuple, devenue l'un des leaders du combat contre le soulèvement militaire et célébrée à l'intérieur et à l'extérieur de l'Espagne républicaine ne pouvait pas ne pas revêtir une dimension mythique. Le mythe s'est vu renforcé évidemment par l'issue tragique du combat, puis l'exil massif et la répression menée par la dictature victorieuse, sous les espèces du pseudonyme désormais notoire et des « formules » qui lui sont associées : « ¡No pasarán! » et « *Plutôt mourir debout que vivre à genoux* ». Cependant *pasionaria* est devenu en définitive le *stéréotype* de la femme (pas forcément politique) habitée par une cause, obsédée (parfois jusqu'à l'excès) par une conviction qu'elle cherche avec fougue à faire partager. (Boyer et Kotsyuba Ugryn 2012).

Doc. 1

Arrêtons-nous sur un cas de *patrimonialisation* relativement récent d'où a émergé l'*identitème* « Jean Moulin». Il s'agit d'un cas exemplaire. On observe que la *mythification* du Chef de la Résistance mort sous la torture *sans avoir parlé*, à laquelle a largement contribué le célèbre discours –médiatisé- d'André Malraux (prononcé lors du transfert des cendres de Moulin au Panthéon le 19 décembre 1964), s'est focalisée beaucoup plus sur une photographie-portrait que sur le seul anthroponyme[1]. Cette matrice iconique[2], reproduite de manière récurrente sur les couvertures d'ouvrages et de magazines est aussi exploitée voire instrumentalisée, avec toute sa force symbolique bien évidemment, par telle personnalité

---

[1] Ce dernier cependant utilisé abondamment pour baptiser rues et avenues, établissements publics...

[2] Dont le statut est aussi celui d'un *identitème*, au même titre que Marianne (le *buste* de Marianne).

politique et/ou tel parti, comme le montre le Document 2 ci-dessous (photographie d'une affiche du Front de Gauche à l'effigie de J-L. Mélanchon, de 2013).

Doc. 2

La portrait patrimonialisé de Jean Moulin (associé éventuellement au mot « Résistance»), est devenu un authentique identitème (voir ci-dessous le Document 3 : la Une du *Nouvel Observateur* du 19-25 octobre 1989[1]) :

---

[1] Reproduite avec l'aimable autorisation du *Nouvel Observateur*.

Doc. 3
© *Le Nouvel Observateur*. Tous droits réservés.

Ainsi on doit observer que *certains* mots et groupes de mots (mais aussi des dates, des images...) ayant le plus souvent été surexposés historiquement, politiquement ...et aujourd'hui médiatiquement (« Vercingétorix», « Jeanne d'Arc», « La Saint-Barthélémy», « L'Alsace et la Lorraine», « L'affaire Dreyfus», « Les plages du Débarquement», « Mai 68», « 14-18 », le tableau « La Liberté guidant le peuple » de Delacroix...) se sont inscrits dans l'*imaginaire ethnosocioculturel* de la communauté, comme *culturèmes* mais aussi pour certains comme *identitèmes*.

Quant au format de ces unités, dont le fonctionnement sémantique se double d'un fonctionnement identitaire, et à leur statut, ils sont variables: nom propre (« Vichy») et nom commun (« clocher», « contestation»), syntagme (« La semaine de 35 heures», ou même « Les 35 heures»,

« le génie de la langue française »), phrase (« Touche pas à mon pote»), texte (« L'Appel du 18 juin»), texte scripto-iconique (l'affiche de 1914 proclamant l'« Ordre de Mobilisation Générale»)...

Si pour certaines patrimonialisations ayant produit un identitème l'Ecole de la République a quelque responsabilité, au travers de l'enseignement de l'Histoire nationale (« La poule au pot » d'Henri IV, « L'affaire Dreyfus», « les Poilus (de la Grande Guerre) » ...), dans de nombreux autres cas apparus durant la deuxième moitié du XXe siècle ce sont les médias qui ont été les co-constructeurs et les promoteurs de la patrimonialisation: c'est flagrant pour « Touche pas à mon pote»...

Un type d'*identitèmes*: les *logonymes*

Aujourd'hui les *culturèmes/identitèmes* d'émergence (relativement) récente peuvent dans une très large mesure être considérés comme des « avatars médiaculturels » (Macé 2006). Barthes (1957) parlait de « langage de la culture de masse » : à l'heure de la *société médiatisée* ces unités sémiotiques surexposées (pour diverses raisons convergentes) dans les discours médiatiques se voient ainsi immanquablement affectées par un processus de plus-value culturelle. Un tel phénomène est permanent car l'imaginaire ethnosocioculturel est en constante activité, intégrative comme de rejet, même si on observe une forte tendance au maintien du *statu quo* en matière de représentations collectives : voir à ce sujet (Boyer 2007) l'intégration récente dans le stock des mots à *valeur ethnosocioculturelle ajoutée* de « foulard « et de

« voile » (et l'émergence d'un nouveau signe iconique associé symbolisant le fameux « foulard», dont on verra plus loin un exemple de mise en scène médiatique) ainsi que la modification de la *valeur ethnosocioculturelle ajoutée* de « banlieue(s) » et de « cité(s) ». Dans les deux cas le rôle des médias a été déterminant (Boyer 1993; Boyer et Lochard 1998).

L'énoncé (ou plutôt l'*acte d'énonciation*) « J'Accuse » est un excellent exemple de patrimonialisation: le titre du célèbre article de Zola dans *L'Aurore*, à l'origine une énonciation performative, est devenu l'équivalent d'une unité de langue, un mot revêtu d'une charge ethnosocioculturelle qui vise à pérenniser le geste discursif dénonciateur de Zola, symbole de la vigilance des clercs. Voir ci-après son exploitation en Une de *Libération* daté du 6 juillet 2000 – Document 4[1] :

Doc. 4

---

[1] Reproduite avec l'aimable autorisation de *Libération*.

Par souci d'homogénéité terminologique (*toponymes, anthroponymes, chrononymes* ...) je propose d'appeler les *culturèmes/identitèmes* issus de paroles, d'écrits... (attestés ou supposés, à l'origine parfois indécidable), passés à la postérité ou tout au moins ayant acquis une notoriété indiscutable dans la durée (« Paris vaut bien une messe», « Nos ancêtres les Gaulois», « Manger bio», « Une certaine idée de la France», « Métro, boulot, dodo», ...) des *logonymes*. On peut dire de ces signes qu'ils ont subi sur la plus ou moins longue durée (parfois même en un temps étonnamment réduit) un clair processus de figement.

Pour prendre un autre exemple, récent celui-là, je m'arrêterai sur le destin médiatique du *logonyme* « Touche pas à mon pote», associé dès le départ à un signe iconique : la petite main jaune, et qu'une *patrimonialisation* accélérée a rendu étonnamment disponible pour divers sujets comme le montrent les Documents 5[1] et 6[2] :

Doc. 5 *Libération* du 14 septembre 2010

---

[1] Une reproduite avec l'aimable autorisation de *Libération*.

[2] Couverture reproduite avec l'aimable autorisation de *Causeur*.

Doc. 6 *Causeur* n° 7, novembre 2013

À propos du Document 6, dans le n° suivant du même mensuel *Causeur* (n° 8, décembre 2013), Alain Finkielkraut explique pourquoi il n'a pas signé le « Manifeste des 343 salauds » intitulé « Touche pas à ma pute »[1] (que diffusait le n° 7 de *Causeur*), explicitant ainsi indirectement le fonctionnement sémiolinguistique auquel ont eu recours (de façon erronée selon l'écrivain) les auteurs du « Manifeste » en question :

> Vous avez voulu détourner le célèbre slogan « Touche pas à mon pote ». Mais le « mon » de « mon pote » dit la solidarité, la communauté, la reconnaissance de l'autre comme semblable, alors que le « ma » de « ma pute » est un adjectif purement possessif. Il ne dit pas « mon semblable », il dit « ma chose ». Il ne signale pas une identité, il déclare une propriété. Et c'est cela qui choque. Le client a le droit et le devoir de se défendre contre l'envie du pénal, mais pas en objectivant et

---

[1] Ce manifeste diffusé en octobre 2013 dénonçait la proposition de loi visant à sanctionner les clients des prostituées.

en s'adjugeant la prostituée (*Causeur*, n° 8, décembre 2013, p 51).

Par ailleurs, certaines « petites phrases » (Krieg-Planque 2011) issues de la communication politico-médiatique peuvent revêtir, par « aphorisation » (Maingueneau 2006), le statut de *culturèmes*-logonymes. Il en est ainsi me semble-t-il de l'énoncé sentencieux devenu quasiment un proverbe : « On ne tire pas sur une ambulance » naguère « petite phrase » perfide proférée par la journaliste (et un temps femme politique) Françoise Giroud à l'endroit de Jacques Chaban-Delmas, candidat malheureux à la présidentielle de 1974[1].

Il resterait enfin, pour être un tant soit peu complet, à faire un sort à un type de *logonymes* particulier : ceux qui, dans une situation de contact de langues de type diglossique, sont empruntés avec ou sans modification à la langue dominée/minorée et utilisés dans la langue dominante (ou une variante interlectale de cette langue) avec une charge identitaire assumée par les utilisateurs : J-F. De Pietro et M. Matthey, à partir d'enquêtes (De Pietro et Matthey 1993),) observent un phénomène clairement de ce type en Suisse romande à propos de mots comme « septante », « votation », « souper »... On peut observer le même type de phénomène en domaine occitan avec des mots du *francitan* comme « escagasser»

---

[1] Certains identitèmes qu'on peut hésiter à considérer comme des logonymes sont de l'ordre du métascriptural : on songe ici au graphème ñ castillan-espagnol utilisé dans le logotype de l'Institut Cervantès dont la mission est la diffusion et la promotion de l'*Hispanité* sous les auspices de la langue et de la culture espagnoles. On peut penser également aux conflits d'alphabets ou de normes orthographiques anciens ou récents dans certaines communautés nationales, (dans les Balkans par exemple), qui soulignent leur enjeu patrimonial : cyrillique/latin/arabe...

(casser, démolir), « escamper » (jeter), « pèguer » (coller), «rouméguer» (râler, ronchonner)... que des jeunes gens, interrogés au cours de micro-enquêtes en contexte languedocien considèrent non plus tellement comme des unités usuelles d'une variété linguistique vernaculaire mais comme des *marqueurs identitaires* liés à un « patrimoine culturel local », « ancrés dans la culture du sud de la France »... (Boyer 2010) donc des marqueurs d'enracinement géolinguistique et culturel qui peut les conduire, au travers d'un figement déjà partiellement acquis et d'un processus de patrimonialisation bien avancé, vers un usage revendiquant délibérément une identité collective (aux contours certes peu précis).

Trope et jeu médiatique

Pour clore (provisoirement) cette réflexion sur la *patrimonialisation* et ses retombées ethnosocioculturelles, je veux pointer deux des critères qui ont été incidemment évoqués et qui ne trompent pas en la matière: d'une part la possibilité de *défigement* avec la construction de *palimpsestes* à partir du signe patrimonialisé (et donc figé) (Fiala et Habert 1989, Galisson 1995, Genette 1982), comme on le voit avec la Une de *Libération* (Document 5) et avec le titre du Manifeste publié par le mensuel *Causeur* (Document 6) et d'autre part, pour certaines unités sémiolinguistiques, le fonctionnement comme *antonomase*. Ainsi, à propos de l'*identitème* « Jean Moulin», on se souvient peut-être de la chanson un temps interdite d'antenne du chanteur Renaud, *Hexagone*, dénonçant, entre autres travers rédhibitoires des Français, le fait que durant l'Occupation allemande « ils étaient bien planqués à Londres, *il y avait pas beaucoup de Jean Moulin* » (je souligne)...

Enfin certains *palimpsestes* concernent des *identitèmes* purement iconiques (on l'a déjà vu avec la photo-portrait patrimonialisée de Jean Moulin): ainsi la figuration du buste de Marianne peut accueillir, sur le mode polémique par exemple, d'autres identitèmes « parasites», comme dans la dernière période, le « voile islamique », selon les besoins de l'argumentation (voir par exemple la couverture du magazine *Valeurs actuelles* du 26 septembre – 2 octobre 2013, affichant une Marianne affublée du voile intégral, et dénonçant un excès supposé de naturalisations en France sous le ministère de Manuel Valls avec ce titre inquiétant : « Naturalisés. L'invasion qu'on cache »)[1].

* * *

Une des leçons à tirer selon moi de ce repérage, forcément limité, c'est d'abord l'importance pour notre société du phénomène de *patrimonialisation* (lié à une tendance irrépressible à fabriquer de l'identité), phénomène qui opère à divers niveaux de l'activité sociétale et qui a pris au sein de la communauté nationale française singulièrement, des proportions qui méritent un questionnement en profondeur. En particulier, le langage

---

[1] Ce dernier exemple montre aussi indirectement que le jeu des palimpsestes n'est pas réservé qu'aux *culturèmes* fraichement promus *identitème*s (*logonymes* ou autres): le phénomène est susceptible de concerner des unités patrimonialisées de longue date (Cf. par ex. l'exploitation récurrente de « Paris vaut bien une messe » ou « Aux armes citoyens »).

semble le domaine exposé par excellence : l'abondance des *identitèmes sémiolinguistiques* en témoigne.

Porteurs d'une parcelle d'identité collective, ils constituent un paradigme ouvert, même si la prolifération n'y est pas de mise. Ce paradigme, à la constitution duquel contribuent aujourd'hui pour une part déterminante les médias, est en retour sollicité par les discours médiatiques (informatifs, publicitaires…) pour un gain de complicité et de séduction incontestables puisque toute exploitation (ludique, argumentative…) d'un *identitème* est basée sur un calcul sans risque : au plaisir de la reconnaissance (et de la connivence) du côté du destinataire répond la captation de ce même destinataire par l'instance médiatique. En matière de patrimonialisation ethnosocioculturelle les médias sont en disposition aujourd'hui de promouvoir l'offre et d'en assurer la diffusion (au travers de diverses modalités discursives).

IV. Sur la *loyauté* *(ethnosocio)*linguistique

Préalables

L'hypothèse que j'ai tenté d'étayer et d'illustrer au fil d'un certain nombre de travaux et au travers de la prise en compte de diverses situations de contact de langues est que le poids des *représentations*, leur impact, s'avère décisif quant à la dynamique des configurations sociolinguistiques, plus particulièrement les configurations conflictuelles de type diglossique, où une langue dominante tend à supplanter, de manière plus ou moins manifeste, sur l'ensemble de l'espace communicationnel, la langue dominée, *minorée* pour cause de domination et le plus souvent stigmatisée (à moins qu'une résistance collective et des interventions glottopolitiques en faveur de la langue ainsi menacée ne parviennent à arrêter la dynamique glottophage).

Je rappellerai ici deux préalables, sur lesquels je ne m'étendrai pas outre mesure mais que le lecteur trouvera exposés par ailleurs (Boyer 1991, 2003): je ne ferai que les résumer à l'aide de schémas.

- Le premier concerne la définition d'une *configuration linguistique* communautaire (qui relève de la *communauté linguistique*, plus ou moins fragmentée, plus ou moins auto-centrée, dans ses usages comme dans ses représentations) que je schématise, on l'a vu dans l'Introduction, selon un édifice à plusieurs niveaux dans lequel les *attitudes* assurent la fonction d'interfaces entre l'*imaginaire* collectif des langues en présence (à base de *représentations,* constitutives d'*idéologies*) et les *opinions, pratiques* et *comportements verbaux* et *non-verbaux.*

Concernant la notion d'*idéologie*, qui n'est pas d'un maniement aisé (et celle de *contre-idéologie*, d'un emploi tout aussi délicat) j'en ai proposé une définition pratique dans l'Introduction. T. A. Van Dijk, précise à juste titre que dans la mesure où « aussi bien les groupes dominants que les non-dominants peuvent avoir des idéologies», une théorie générale de l'idéologie « permet qu'il y ait des théories de résistance et d'opposition, et également une théorie de conflit et lutte idéologique » (Van Dijk 2001 : 39 ; je traduis).[1]

- Un deuxième préalable concerne les deux cas de figure alternatifs d'issue d'un conflit diglossique :

Le premier est celui dans lequel le conflit diglossique a eu comme moteur déterminant une *idéologie diglossique* hégémonique et efficace qui n'a pas rencontré de contre-idéologie collective et donc de *loyauté* massive des usagers envers la langue menacée. La substitution est alors à peu près inéluctable, bien qu'elle puisse être différée pour une période qui peut couvrir plusieurs siècles. Dans ce cas, le *stéréotypage ambivalent* qui

---

[1] À propos du concept d'idéologie dans le champ de l'analyse de discours voir également Charaudeau et Maingueneau, 2002 : 300-303. Concernant l'analyse du *discours idéologique* voir Guilbert 2007.

affecte la langue dominée (B) conduit à la non-transmission intergénérationnelle de celle-ci et en fin de compte à sa substitution par la langue dominante (A):

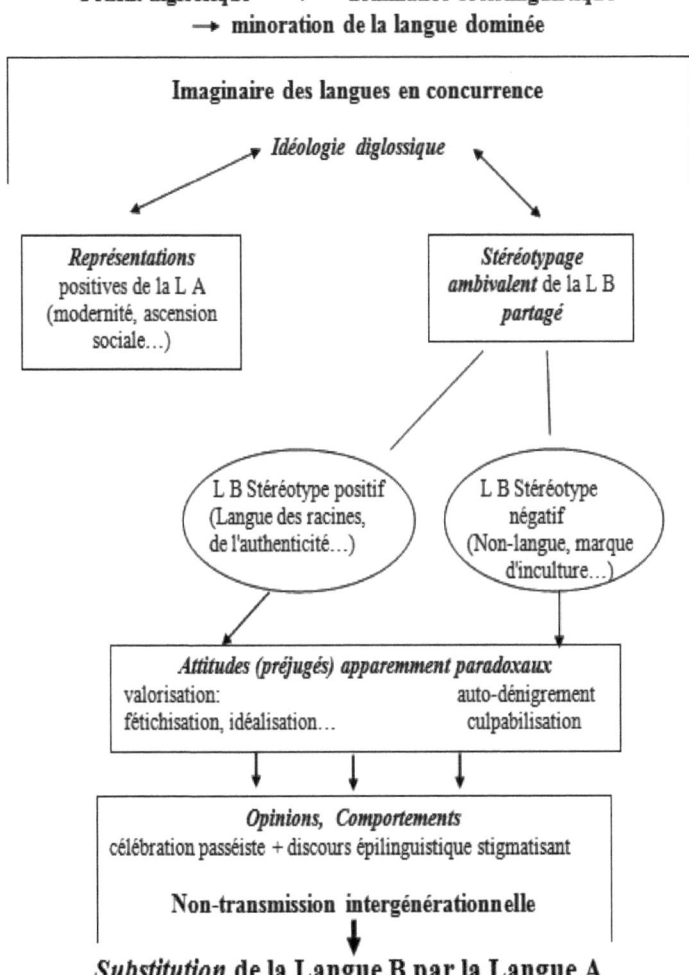

Le deuxième est celui dans lequel une *contre-idéologie diglossique*, articulant des représentations d'ordre identitaire et une attitude de *loyauté linguistique* sans faille, vient combattre efficacement la logique glottophage du conflit entre langue dominante et langue dominée. Cette *attitude*, œuvrant comme interface entre des représentations positives de l'une des langues en contact/conflit (celle qui est précisément dominée, victime d'une concurrence déloyale, voire d'une imposition) et les conduites langagières des usagers, est l'authentique moteur de la production d'identité et des pratiques collectives de maintien des usages de la langue dominée et de sa transmission intergénérationnelle au sein de la famille. La *loyauté linguistique* (*Language Loyalty*) (Weinreich 1970 [1953] : p 99-102)[1] conduit à refuser et combattre la domination et l'*idéologie diglossique* linguicide qui l'alimente, tournant ainsi le dos à d'autres attitudes possibles, comme l'*auto-dénigrement* et la *culpabilité linguistique* (Boyer 1997; Lafont 1971b) et optant pour le maintien et le développement des usages sociétaux de la langue menacée de substitution:

---

[1] Weinreich parle dans un autre texte (en français) de « sentiment de fidélité à la langue » (Weinreich 1968). La notion peut être mise en relation avec *identité*, *ethnicité* (on parle de *loyauté ethnique*) et *nationalisme* (Niculescu 1996). Voir également Lagarde 2008, Boyer 1991 et 2008c.

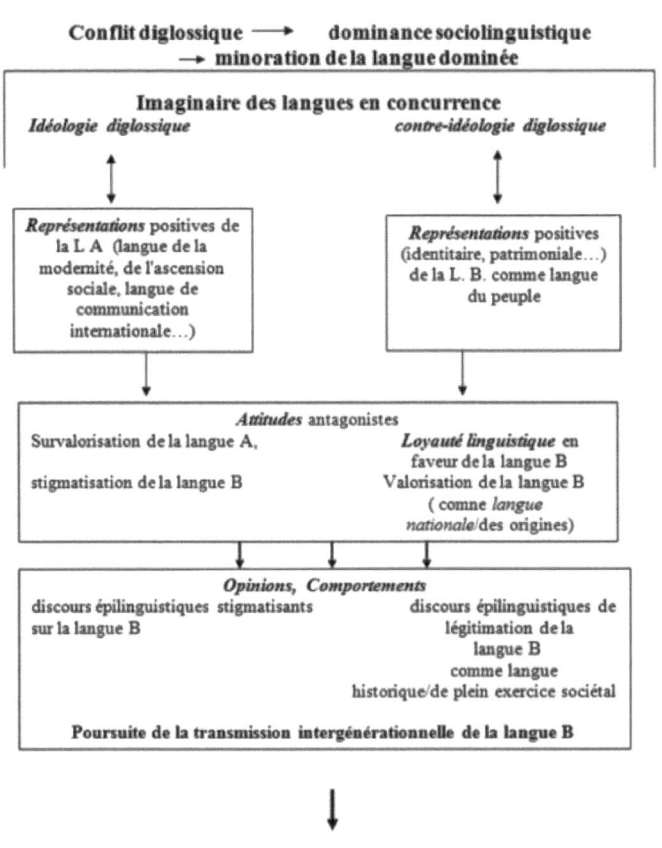

La « loyauté linguistique » s'affiche : pratiques glottopolitiques dans le paysage scriptural urbain.

Je prendrai, pour illustrer ce phénomène, deux clichés recueillis durant ces dernières années dans des pays étrangers au cours de séjours de recherche.

Ces clichés ont un point commun : ce sont des témoignages d'une *production d'identité* portée par une attitude de *loyauté linguistique*, elle-même inspirée comme on l'a dit de représentations ethnosociolinguistiques favorables au choix d'une langue face à un autre choix possible, celui de la langue concurrente, hégémonique. Ces représentations construites sur la base de traits cognitifs clivés et hiérarchisés participent elles-mêmes de ce qu'on peut qualifier de *contre-idéologie diglossique* (l'*idéologie diglossique* étant le vecteur plus ou moins occulte de la domination et de la substitution en faveur de la langue dominante). Ici quelques précisions s'imposent.

A propos de la notion de *diglossie,* il est évident qu'il s'agit ici, non pas de la version fonctionnaliste, irénique, de la notion, mais bien de la version conflictiviste, celle qui a émergé en réaction critique face à la modélisation nord-américaine, dont Ferguson (1959) est le promoteur, des situations de coexistence de deux langues sur un même territoire (Boyer 2014a, Jardel 1982).

Il s'agit bien de prendre cette coexistence de deux langues au sein d'un même espace communautaire ou sociétal pour ce qu'elle est dans l'immense majorité des cas : une coexistence inégalitaire, une concurrence plus ou moins flagrante, bref un conflit latent ou déclaré qui habite la dynamique du contact et tend à accentuer le déséquilibre des fonctions sociales des langues en présence, à renforcer la domination de la langue hégémonique sur la langue subordonnée, minorée, le plus souvent marginalisée et conduit au monolinguisme de fait au seul profit de la langue dominante. Mais l'issue d'un tel conflit n'est pas forcément inéluctable si une réaction collective des usagers de la langue dominée en faveur d'une normalisation des usages de cette langue est engagée, réaction militante au départ mais qui doit être relayée, pour neutraliser la situation de domination, par une politique linguistique institutionnelle (c'est le deuxième cas de figure dont il a été question). On sait que la chose est possible : le français au Québec et le catalan en Catalogne espagnole en offrent deux exemples contemporains spectaculaires (Fishman 1991)[1].

Précisément les clichés que je soumets à observation (voir Documents 1 et 2 ci-après) émanent l'un de la Belle Province francophone (Document 1), l'autre du *Principat* catalan, Communauté autonome de Catalogne (Document 2).

Doc.1

---

[1] Le cas de l'hébreu en Israël mis en avant dans Fishman 1991 est un cas de figure de nature assez différente, me semble-t-il.

Examinons le premier cliché : il concerne donc le Québec et il a été pris dans la grande métropole de Montréal il y a une dizaine d'années : il témoigne selon moi de la primauté qu'y a conquis de haute lutte la langue française (succès à confirmer évidemment dans la durée). Il s'agit d'un panneau de signalisation urbaine bi-sémiotique (texte+icone), qui peut à première vue paraître anodin. Quoi de plus normal en effet que d'interdire « de circuler à bicyclette » dans une « rue piétonnière » (peut-être rendue piétonnière momentanément) ? A la rigueur on peut motiver ce qui pourrait ressembler à une redondance (« défense de circuler à bicyclette ») par le fait que ce ne sont pas *seulement* les voitures qui sont interdites de circulation comme dans toute rue piétonnière digne de ce nom, mais également les bicyclettes. Mais dans cette hypothèse, le panneau étant fixé à une barrière métallique apparemment amovible et qui interdit matériellement le passage des voitures, l'icône qui accompagne le message scriptural devrait suffire à communiquer l'interdiction de « *circuler* à bicyclette » (c'est moi qui souligne). Dès lors il faut bien reconnaître qu'il y a redondance. Cependant, si la redondance en question est avérée du point de vue *fonctionnel,* elle ne l'est pas dans l'ordre du *symbolique* : le texte fonctionnellement superflu est en fait la manifestation dans une pratique signalétique urbaine d'une affirmation glottopolitique, de l'inscription, dans une communication institutionnelle proscriptive, d'un acte d'auto-légitimation identitaire. Le français, langue revendiquée vigoureusement au Québec dans les cinq dernières décennies (en concurrence avec l'anglais, langue majoritaire dans l'ensemble canadien et menaçant même la préséance du français à Montréal au milieu du

XXe siècle), est confirmé ici ostensiblement dans son usage *normalisé*. Une confirmation qui peut être interprétée comme une proclamation, et même une célébration.

Le *nationalisme linguistique* qui a inspiré la politique linguistique volontariste menée par le Québec depuis les années soixante[1] est bien ici présent, vigilant et offensif, comme si la langue française, toujours en danger, devait être constamment revendiquée.

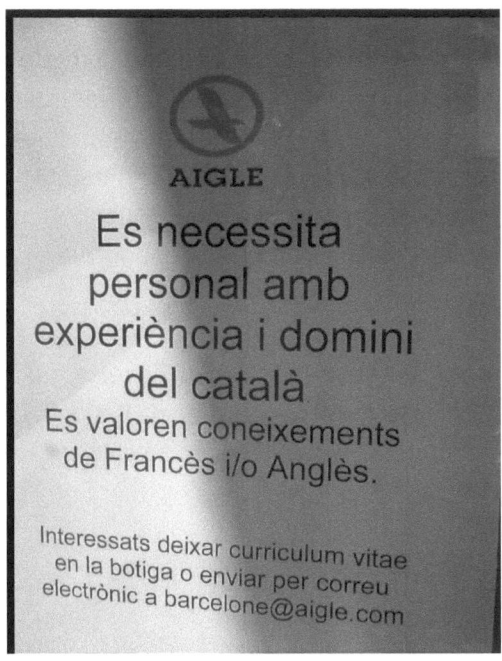

Doc. 2

---

[1] Deux dates clés sont à signaler dans l'histoire de cette politique institutionnelle : en 1961 est créé l'Office de la Langue française et en 1977 est adoptée la Loi 101 dite *Charte de la Langue française*. Voir à ce propos le n° 101-102 (2001) et le Hors-Série (automne 2002) de la revue *Terminogramme* publiée précisément par l'Office de la Langue française du Québec

Examinons à présent l'autre cliché (Document 2). Il émane de Catalogne où là le catalan, au sortir du franquisme en état d'infériorité et de minoration, bien que parlé par une partie importante de la population, (toutes classes sociales confondues) et soutenu par un militantisme actif (en particulier dans la clandestinité, durant la dictature), a pu comme « langue propre » (*llengua propia*) de la Catalogne, co-officielle avec le castillan, reconquérir, grâce à la récupération des institutions politiques[1] dotées de larges pouvoirs d'autonomie (singulièrement en matière culturelle et linguistique), les prérogatives d'une langue de plein exercice sociétal, et même devenir la langue *prioritaire* non seulement des institutions autonomes, des collectivités territoriales et de leur administration et bien sûr de l'Education, mais également de bon nombre de secteurs de la société civile et de l'économie.

Le Document 2 reproduit une affichette au bas de la vitrine d'une boutique barcelonaise. Il s'agit d'une offre d'emploi rédigée en catalan[2], dont voici la traduction :

---

[1] Après la Constitution espagnole de 1978 et le statut d'Autonomie de la Catalogne de 1979

[2] Tout Catalan est aujourd'hui forcément hispanophone, et la plupart des habitants de Catalogne d'origine catalanophone et un nombre important d'origine hispanophone (en particulier les générations ayant été scolarisées en catalan, y compris les enfants issus de familles hispanophones) sont bilingues.

> *AIGLE*
> *Nous recherchons du personnel*
> *ayant de l'expérience*
> *et maîtrisant le catalan*
>
> *Les connaissances en français et/ou*
> *en anglais sont appréciées.*
> *Les intéressés doivent déposer un*
> *curriculum vitae à la boutique ou*
> *l'envoyer par courrier électronique*
> *à barcelone@aigle.com*

Dans ce document totalement improbable il y a trois décennies, l'emploi du catalan est parfaitement légitimé du point de vue fonctionnel. En effet, quoi de plus normal que d'énoncer en catalan (langue par ailleurs co-officielle) la recherche d'employés maîtrisant le catalan ? Cependant la proximité du glossonyme « catalan » avec les glossonymes « français » et « anglais», plus attendus dans un tel contexte, avec la hiérarchisation introduite dans le message (*maîtrise / connaissances*), produit un supplément de signification, au-delà du sens littéral. Il y a ici incontestablement l'affirmation sur le plan du *dit* (de l'*écrit*) d'une préséance de la *llengua propia*, de la langue historique de la Catalogne, sur le castillan, dont la maîtrise est forcément tout autant requise (le contraire serait étonnant à Barcelone, surtout si l'on valorise par ailleurs les connaissances en français et en anglais). Il y a bien quelque chose de l'ordre de la proclamation d'une légitimité glottopolitique et donc d'une identité ethnosociolinguistique communautaire dans cet affichage.

La mention exclusive du catalan fait dans ce texte la démonstration de la pleine *normalisation*[1] dont il a fait officiellement l'objet depuis les années quatre-vingts (Boyer et Lagarde dirs. 2002).

Voilà donc deux exemples (on pourrait en proposer bien d'autres) de pratiques glottopolitiques publiques, pratiques à base fonctionnelle sans aucun doute mais dont le sens excède celui d'une visée scripturale « ordinaire » pour s'inscrire ostensiblement dans l'ordre de l'auto-légitimation, de l'affirmation d'une loyauté linguistique envers la langue *nationale* et de la célébration identitaire, jubilatoire pourrait-on dire dans le cas du Document 1; cela par un usage pleinement assumé de la langue considérée dans les deux cas comme prioritaire (et toujours menacée).

---

[1] Le concept de *normalisation* se définit au sein de la modélisation de l'école catalane de sociolinguistique comme l'autre issue possible d'un conflit sociolinguistique: le refus de la *substitution* programmée par la mise en œuvre d'une politique linguistique de reconquête (en particulier grâce à la généralisation de l'enseignement *en* catalan) des usages communicationnels perdus au profit de la seule langue dominante, en vue d'atteindre la pleine normalité de l'emploi de la langue jusqu'alors dominée (voir en particulier Aracil 1965).

V. LA SOCIOLINGUISTIQUE CATALANE, FER DE LANCE DE LA REVENDICATION IDENTITAIRE DES CATALANS

C'est peu dire que la sociolinguistique en Espagne a été et reste fascinée par la seule (ou presque) littérature anglo-saxonne (nord-américaine pour être plus précis) des divers sous-champs qui composent ce vaste champ (trans)disciplinaire (Boyer 2001) de création somme toute récente. Et l'une des singularités de la sociolinguistique du domaine catalan (désormais SDC) (essentiellement la Catalogne proprement dite : le *Principat* et le Pays valencien), qui elle aussi a eu ses références nord-américaines, le plus souvent critiques il est vrai, c'est d'être très largement ignorée de la sociolinguistique espagnole. Les synthèses produites en Espagne à l'intention d'un public hispanophone en témoignent parfois spectaculairement (voir par ex. Hernandez Campoy et Almeida 2005) ou plus discrètement, en citant de manière cursive et sans réelle prise en compte un ou deux auteurs catalans (voir par ex. Serrano 2011)[1]. A cela on peut trouver bien des explications mais l'une des plus convaincantes pourrait être de type culturel : la SDC a

---

[1] Une remarquable exception cependant : García Marcos 1999.

produit très majoritairement *en catalan* pour une *communauté de langue catalane*.

Cette sociolinguistique, mieux connue et appréciée ailleurs que dans l'Etat espagnol présente d'autres singularités dont il va être question ici.

Cependant la singularité majeure est à n'en pas douter la personnalité de ses pères fondateurs. L'Histoire en a semble-t-il retenu quatre (Leprêtre et Bañeres 2002), dont deux Valenciens (Ll. V. Aracil et R. Ll. Ninyoles) et deux Barcelonais (A. Badia i Margarit et F. Vallverdú) qui sont plus ou moins liés (avec d'autres moins célébrés) à la fondation d'un Collectif: le *Grup Català de Sociolingüística* (1973) dont la première manifestation scientifique d'importance a sûrement été la participation officielle au VIIIe Congrès Mondial de Sociologie tenu à Toronto en 1974 (une session y était consacrée à la « Sociolinguistique catalane») (Vallverdú 2011). Le Groupe (élargi au fil des ans) prend en 2005 le nom d' *Associació de Sociolingüistes de Llengua Catalana* puis en 2008, en passant dans le giron de l'Institut d'Estudis Catalans, *Societat Catalana de Sociolingüística* (SOCS).

C'est dire si l'auto-perception d'être sinon une « école » mais à tout le moins un collectif parfaitement identifiable, ayant pignon sur rue (la revue *Treballs de Sociolingüística Catalana* en est devenue l'émanation) et se posant en interlocuteur incontournable du mouvement associatif et des pouvoirs publics en matière de gestion des langues en domaine catalan a été dès les débuts une préoccupation. Et il convient d'observer que même si l'apport (strictement théorique) des fondateurs d'origine valencienne a été à n'en pas douter décisif, c'est au Principat et spécialement à Barcelone que la notoriété du

Collectif a prospéré et que son impact socio-politique a été le plus évident.

Pour revenir sur l'identité des pères fondateurs de cette sociolinguistique « périphérique », il faut reconnaître qu'elle n'est pas (du point de vue de leur formation) orthodoxe: à l'exception du professeur A. Badia i Margarit, linguiste et romaniste, deux autres (Ll. V. Aracil et R. Ll. Ninyoles) sont à l'origine juristes et sociologues, le dernier (F. Vallverdú) étant lui aussi à l'origine juriste mais également éditeur (il a joué un rôle important au sein des *Edicions 62* en faveur de la publication de travaux de sociolinguistique et en catalan) (Vallverdú 1980b, Leprêtre et Bañeres 2002). Certes par la suite les sociolinguistes du domaine catalan auront de plus en plus des profils conformes aux modèles étrangers, la sociolinguistique devenant du reste en Catalogne et en particulier au sein des Universités barcelonaises une spécialité reconnue et recherchée.

Une autre singularité de cette SDC tient précisément à l'ancrage des fondateurs dans la société civile, à leur implication dans le mouvement social et au fait que pour eux *la sociolinguistique est une arme au service de la défense et de la promotion d'une identité collective menacée*, et pour tout dire, d'une *nation* menacée. Badia i Margarit insistait précisément au VIIIe Congrès Mondial de Sociologie à Toronto sur « l'inévitable tâche», sur la « tâche fondamentale » de la sociolinguistique catalane imposée par le « contact [du catalan] avec l'« autre langue». » (Badia i Margarit 1977: 26)[1]. Le même Badia citait ainsi Aracil : « Sans doute, le sens et la force de la

---

[1] C'est moi qui traduis : il en est de même, pour l'ensemble du Chapitre, des extraits cités de textes originellement écrits en catalan.

sociolinguistique catalane [...] s'expliquent par le fait que notre travail scientifique s'intègre dans un mouvement historique très vaste » (Badia i Margarit 1979: 20).

Dans les lignes qui suivent je reviendrai sur les singularités évoquées en proposant un repérage, forcément éclectique, au sein de l'histoire de ce collectif, de ses fondements et de son articulation avec le processus de transformation de la société catalane dans l'Espagne post-franquiste, spécialement de la configuration linguistique héritée de la dictature.

Fondements

Le cadre théorique et méthodologique catalan de traitement des situations de *diglossie* construit par la SDC constitue une rupture, en même temps qu'une sorte de retour aux sources[1]. En effet, les pères fondateurs : L. V. Aracil, R. L. Ninyoles, A. Badia i Margarit, F. Vallverdú, proposent une analyse approfondie de la configuration sociolinguistique que vit leur propre communauté, une analyse faisant toute sa place aux *idéologies*, aux *représentations*, aux *attitudes,* aux *préjugés* (par exemple Ninyoles 1971 et 1976 , Aracil 1982 [1966]). La SDC considère par ailleurs que s'il y a *contact inégalitaire* de langues dans un même espace sociétal, il y a forcément compétition, concurrence et immanquablement *conflit*. Cette modélisation naît de l'analyse de situations concrètes vécues en territoires catalanophones (singulièrement en pays valencien).

---

[1] Concernant l'aventure épistémologique du concept de « diglossie » dont l'helléniste Jean Psichari est le créateur, voir par exemple, Kremnitz 1981, Jardel 1982, Boyer 1986.

Ainsi la SDC dès son émergence se présente comme une sociolinguistique *critique* (Boyer 1991) qui reçoit la modélisation sociolinguistique nord-américaine, concernant en particulier la « diglossie » (Vallverdú 1980a: 47-56 en particulier), en la mettant en débat. Par ailleurs pour cette sociolinguistique la situation vécue par les catalanophones en Espagne est une situation de *dominance* (aux manifestations variables selon la partie du domaine géolinguistique envisagée). Ainsi la *diglossie* analysée n'est ni équilibrée ni stable : son moteur en est le conflit, conflit entre une *langue dominante* et une *langue dominée*. La politique de l'Etat espagnol en Pays valencien et en Catalogne proprement dite a conduit à une *minoration*, à une marginalisation du catalan. Les sociolinguistes catalano-valenciens dénoncent la gestion franquiste des langues d'Espagne, discriminante au profit du seul castillan, et entrent en résistance contre l'entreprise de *substitution* linguistique : ils se veulent les instigateurs d'une reconquête sociolinguistique collective. L'implication du sociolinguiste est le crédo de la SDC naissante (Badia i Margarit 1977)

F. Vallverdú, citant son collègue A.M. Badia i Margarit, pour qui « la sociolinguistique catalane se sent engagée avec le peuple, et de son côté, le peuple catalan soutient la sociolinguistique » (Badia i Margarit 1976, cité par Vallverdú 1980b : 639), considère qu'il s'agit ni plus ni moins de la « vieille question de la neutralité scientifique » (*Ibid*: 639). Et il n'hésite pas à convoquer la sociolinguistique nord-américaine pour en observer les « conditionnements » : l'intérêt des chercheurs en sociolinguistique pour les problèmes des Noirs et autres minorités n'est pas neutre. Ce n'est pas un hasard si certaines des recherches en question ont été financées institutionnellement. Et ce n'est donc pas surprenant si « les objectifs de la sociolinguistique s'adaptent de manière aussi diverse aux intérêts des différents pays » (Vallverdú 1980b : 640). Vallverdú souligne cependant cette singularité de la sociolinguistique catalane : il s'agit d'une sociolinguistique qui « dès ses origines est marquée par [le] caractère contre-institutionnel. Cette position, disons protestataire, « engagée avec le peuple » selon les termes de Badia i Margarit, conditionne évidemment la recherche de nos sociolinguistes » (*Ibid* : 641). C'est dire que pour cet observateur-acteur de premier plan, l'implication de la SDC va de pair avec son caractère contre-institutionnel[1].

Pour Aracil, en particulier, les discours *autorisés* en faveur du bilinguisme sociétal sont trompeurs car ils occultent la situation de *conflit* : habité par la *dominance* d'une langue sur une autre ce bilinguisme est inévitablement inégalitaire et il a toutes les chances d'être l'antichambre d'un monolinguisme en faveur de la seule langue dominante. Ainsi, s'il y a *polarisation diglossique* il y a nécessairement *conflit* (Aracil 1965 et 1982, Ninyoles 1969) et s'il y a *conflit* il y a *dilemme* : ou bien la langue dominante poursuit sa domination et dans ce cas elle se substituera plus ou moins lentement mais sûrement à la langue dominée ou bien la communauté ayant en usage la langue dominée va résister à la dynamique de

---

[1] Mais Vallverdú subodorait déjà (avec raison) en ces années de début de reconquête l'« institutionnalisation » à venir de la sociolinguistique que la politique linguistique de la *Generalitat* (Gouvernement autonome de la Catalogne) restaurée a sûrement tendu à opérer dès le milieu des années quatre-vingt.

subordination et de substitution et lutter (par l'action collective des usagers mais grâce éventuellement à une intervention institutionnelle) pour un développement *normal* des usages sociaux de la langue dominée. Il s'agit de promouvoir la *normalisation*, concept-clé de l'édifice théorique en voie de construction (Aracil 1965). On peut dire qu'il s'agit là d'un apport essentiel dans le champ de la *sociolinguistique appliquée*: le domaine de la gestion des langues. Pour Aracil, la normalisation «consiste surtout dans l'élaboration et la mise en vigueur de systèmes de normes d'usage linguistique. Or, cela suppose nécessairement que la normalisation est toujours consciente. En réalité, du moment qu'elle est prospective par définition, elle est aussi prévoyante. Elle implique, en effet, non seulement une attitude favorable envers la langue qu'il s'agit de normaliser, mais aussi [...] un espoir et une confiance dans l'efficacité de l'action sociale [...] Une véritable normalisation ne saurait jamais se borner aux aspects "purement" linguistiques. Elle doit envisager en même temps beaucoup de facteurs décidément « sociaux», voire essentiellement politiques » (Aracil 1982 : 9).

Cependant pour que la langue dominée soit *normalisée*, pour qu'elle soit une langue de plein exercice, il faut qu'elle ait été *normativisée*, c'est-à-dire que les membres de la communauté aient accepté le choix d'un standard, une codification, qui permettent à cette langue d'être écrite, enseignée et d´être utilisée dans tous les compartiments de la vie publique (l'administration, les médias…). Sans *normativisation* il n'y a pas de *normalisation* possible).

Et, on l'a dit, l'un des apports majeurs de cette modélisation, c'est d'avoir insisté sur l'importance du *paradigme représentationnel* (cher à la psychologie sociale ainsi qu'à une certaine sociologie) constitutif de ce qu'on peut appeler l'*imaginaire communautaire* (Boyer 2003). Ainsi, elle fait toute sa place à une attitude comme l'« autoodi » (littéralement la *haine de soi,* qu'on peut préférer désigner par *auto-dénigrement*), déclenché par une *idéologie diglossique* et donc des *représentations* stigmatisantes de la langue dominée qui consistent à faire accepter par les dominés l'idée que leur langue est inférieure, qu'elle n'a aucune utilité sociale, qu'il faut l'abandonner : pour ne plus être un citoyen de seconde zone, il faut parler la langue dominante. Par ailleurs L. V. Aracil dénonce, on l'a vu, le « mythe bilinguiste » car le bilinguisme inégalitaire d'aujourd'hui annonce sûrement le monolinguisme de demain.

L'impact

Dans sa confrontation de trois des entreprises contemporaines d'inversion d'une substitution linguistique, J.-A. Fishman (1991, 1993), tout en considérant que l'objectif d'une pleine normalisation sera plus long à atteindre que pour l'hébreu en Israël ou le français au Québec, salue la restauration en Catalogne du catalan comme langue de communication de plein exercice d'une société moderne, tant sur le plan fonctionnel que sur le plan symbolique, une restauration par ailleurs consensuelle (Fishman 1993).

Et l'on est fondé à considérer que précisément l'impact de la SDC sur le redressement de situation sociolinguistique en

Catalogne est l'un des trois piliers d'un *triangle glottopolitique* performant (Boyer 2014a : 133), figuré ci-dessous:

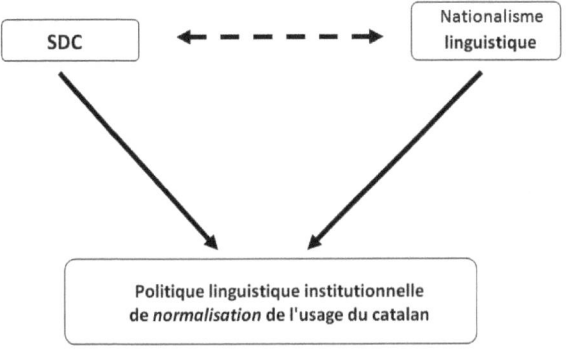

Concernant le premier sommet du triangle, constitué par la SDC dont on vient d'exposer l'historique et les apports théoriques, il convient de mesurer sa dimension pratique, son impact, en synergie avec une option glottopolitique dont la dimension hégémonique en Catalogne ne fait aucun doute : le *nationalisme linguistique* (Boyer 2008c) pour lequel la *langue nationale* est le moteur essentiel du positionnement nationaliste.

Pour le nationalisme catalan qui n'a cessé de s'affirmer au cours du XXe siècle, et a conquis en fin de siècle les rênes du pouvoir autonome à Barcelone, la langue catalane est le trait différenciateur nodal de la *nation catalane* et le support de la représentation identitaire centrale dans l'idéologie nationaliste[1]. Le XXe siècle a vu se développer en Catalogne un « modèle » de nationalisme linguistique, qui durant les deux dernières décennies du XXe siècle de pouvoir politique catalaniste à la tête des institutions autonomiques, n'a cessé de se consolider : c'est le deuxième pilier du *triangle glottopolitique*.

Le troisième est incontestablement la *normalisation* institutionnelle du catalan avec comme objectif le passage à un *bilinguisme non diglossique*. Car l'une des principales caractéristiques de la politique linguistique conduite par le gouvernement autonome de Catalogne, la *Generalitat*, au travers de sa *normalisation linguistique*, c'est d'avoir su programmer un rétablissement du catalan à la fois comme langue « propre » reconnue comme telle par les deux Statuts d'Autonomie consécutifs (*principe de territorialité*) tout en respectant le *principe de personnalité* (Mackey 1976) au travers de la co-officialité des deux langues en présence (imposée du reste par la Constitution), le castillan et le catalan.

Cette *politique linguistique* saluée par Fishman et de nombreux observateurs a servi en Espagne de référence institutionnelle aussi bien pour la Galice que pour le Pays Basque (même si les mises en œuvre et les résultats sont très différents) et de moteur, selon des modalités

---

[1] Au-delà de la diversité des positionnements identitaires-nationalistes et des projets quant à l'évolution souhaitable de l'État espagnol, on sait que se pose depuis longtemps en domaine catalan la question de l'espace géolinguistique identifié comme *national*. Et à l'instar de ce qui a pu être observé pour d'autres *nationalismes linguistiques*, on peut parler de *pan-catalanisme* à propos d'une tendance importante du nationalisme linguistique catalan (au premier chef des sociolinguistes du domaine), à élargir, sous la dénomination de « Pays Catalans » (*Països Catalans*) la nation catalane à l'ensemble des pays historiquement de langue catalane.

différentes, pour les autres aires catalanophones (Boyer et Lagarde dirs. 2002).

* *
*

On doit constater (pour le déplorer ?) que le processus de normalisation sociolinguistique, incontestablement favorable à l'extension des usages du catalan, a eu pour conséquence d'institutionnaliser, de « bureaucratiser » en quelque sorte la sociolinguistique en Catalogne. De nombreux étudiants formés par des spécialistes dans les universités catalanes ont trouvé des débouchés dans les divers dispositifs mis en place dès le début des années quatre-vingt. L'action militante des sociolinguistes a pu s'émousser avec l'apparition d'une « sociolinguistique fonctionnarisée», « laissant [...] à l'écart la sociolinguistique critique » (Leprêtre et Bañeres 2002 : 121). De fait la dimension démolinguistique a me semble-t-il tendu à se développer et à prendre le dessus sur la dimension théorique et méthodologique, au sein de la production éditoriale (voir par ex. Querol coord. 2007; pour une synthèse voir Torres i Pla 2011)[1]. Cependant cette évolution n'est pas étonnante : la sociolinguistique de terrain a tendu à remplir en Catalogne sa *fonction d'évaluation* du processus de normalisation en cours.

A cet égard, un travail comme celui d'Emili Boix (Boix-Fuster 1993) est particulièrement important. En mettant

---

[1] Il ne faut cependant pas minorer toute une production sociolinguistique catalane variationniste (Voir Pradilla Cardona 2011).

en évidence (avec d'autres) une caractéristique langagière des jeunes scolarisés dans les deux langues officielles de Catalogne —la pratique de l'alternance aléatoire de langues dans les conversations —, et en analysant sa motivation, de même que ce qu'elle peut signifier pour l'avenir de la configuration sociolinguistique catalane, cet universitaire de la « deuxième génération » de la SDC a aussi ouvert la voie à un nouveau cycle scientifique. Le titre de son ouvrage est du reste implicitement une prise de position épistémologique : *Triar no és trair* (« Choisir n'est pas trahir»). Il est clair que le temps de l'affirmation identitaire par un refus de l'imposition interactionnelle de la langue dominante, le castillan, est sûrement révolu, la jeune génération ayant vécu d'autres circonstances ethnosociolinguistiques que leurs aînés. Est-ce à dire que les « schèmes identitaires [sont] dépassés » ? Sûrement pas. Mais à tout le moins on peut soutenir qu'il n'est « guère raisonnable [...] de persister dans l'idée d'une identité catalanophone imperméable » (Nicolas i Amoros 2000 : 181)...[1]

---

[1] De même, si l'implication du sociolinguiste reste une singularité assumée par la sociolinguistique du domaine catalan, de nouvelles exigences s'expriment qui prennent leur distance face à une « science connotée » (affectivement), revendiquée en son temps par A. M. Badia i Margarit dans un discours prononcé à l'Université de Barcelone et intitulé sans équivoque *Sciences et passion dans la linguistique catalane moderne...* (Badia i Margarit 1976).

REFERENCES BIBLIOGRAPHIQUES

ABRIC J.-C. (2002), « L'approche structurale des représentations sociales : développements récents », *Psychologie et Société* n° 4, 2001/2.

AKIN S. éd. (1999), *Noms et re-noms : la dénomination des personnes, des populations, des langues et des territoires*, Rouen, Publications de l'Université de Rouen, CNRS.

ALBERT J.-P. (1998), « Du martyr à la star. Les métamorphoses des héros nationaux», P. Centlivres, D. Fabre, F. Zonabend: *La fabrique des héros*, Paris, Éditions de la Maison des sciences de l'homme.

ALTHUSSER L. (1972), *Pour Marx*, Paris, François Maspero.

AMOSSY R. (1991), *Les idées reçues. Sémiologie du stéréotype*, Paris, Nathan.

AMOSSY R. (2005a), « Le maniement de la doxa sur le thème de l'insécurité : Chirac et Le Pen aux Présidentielles 2002 », *Médias et Cultures* 1.

AMOSSY R. (2005b), « De l'apport d'une distinction : dialogisme vs polyphonie dans l'analyse argumentative», dans Bres et al. dirs. *Dialogisme et polyphonie. Approches linguistiques*, Bruxelles, De Boeck. Duculot, p 63-74.

ANSART P. (2006), « L'idéologie, une interrogation permanente», *Illusio* n° 3 (*Idéologies contemporaines*), Caen.

ARACIL Ll. V. (1982), *Papers de sociolingüística*, Barcelona, Edicions de la Magrana.

ARACIL Ll. V. (1965), « Conflit linguistique et normalisation linguistique dans l'Europe nouvelle », Nancy et València;, repris et traduit : « Conflicte lingüístic i normalització lingüística a l'Europa nova », *Papers de sociolingüística*, Barcelona, Edicions de la Magrana, 1982.

ARACIL Ll. V. (1982 [1966]), « El bilinguisme com a mite», dans *Papers de sociolingüística*, Barcelona, Edicions de la Magrana.

AUSTIN J.L. (1970), *Quand dire, c'est faire*, Paris, Seuil.

BACOT P., DOUZOU L., HONORE J-P. (2008), « Chrononymes. La politisation du temps», *Mots. Les langages du politique* n° 87, Lyon, ENS Éditions.

BADIA I MARGARIT A.M (1976), *Ciència I pasió dins la lingüística catalana moderna*, Barcelona, Universitat de Barcelona (Discurs inaugural del curs acadèmic 1976-77).

BADIA i MARGARIT A.M (1977), « Entorn de la sociolingüística catalana: precedents, dificultats, contingut, objectius », *Treballs de sociolingüística catalana I*(1974-1976), Ponències al VIII[è] Congrés Mundial de Sociologia (Toronto), València.

BADIA i MARGARIT A.M (1979), « El Grup Català de Sociolingüística i el Seminari Internacional de Sociolingüística de Perpinyà (juliol de 1977), *Treballs de sociolingüística catalana*, 2, València.

BARTHES R. (1957), *Mythologies,* Paris, Seuil (Collection Points).

BINISTI N. (2003), « Quatre jeunes Marseillais en mobilité sociale : entre "observacontacts d'accents" et "contacts de représentations" » , dans Jacqueline Billiez (dir.), *Contacts de langues. Modèles, typologies, interventions*, Paris, L'Harmattan.

BOIX-FUSTER E. (1993), *Triar no és trair. Llengua i identitat en el joves de Barcelona,* Barcelona, Edicions 62.

BOURDIEU P. (1980), « L'identité et la représentation», *Actes de la Recherche en Sciences Sociales* n° 35.

BOURDIEU P. et BOLTANSKI L. (1975), « Le fétichisme de la langue», *Actes de la Recherche en Sciences Sociales*, n° 4.

BOYER H. (1986), « "Diglossie". Un concept à l'épreuve du terrain. L'élaboration d'une sociolinguistique du conflit en domaines catalan et occitan », *Lengas* 20, p. 21-54.

BOYER H. (1990), « Matériaux pour une approche des représentations sociolinguistiques. Eléments de définition et parcours documentaire en diglossie », dans H. Boyer et J. Peytard (éds.), *Les représentations de la langue : approches sociolinguistiques, Langue française* n° 85, 102-124.

BOYER H., 1991, *Langues en conflit. Etudes sociolinguistiques,* Paris, L'Harmattan.

BOYER H. (1993), « Tchador: les mots de 'l'affaire' » , *MScope* 4, Versailles, CRDP.

BOYER H. (1994), « Le spot comme marché», *MScope* n° 8.

BOYER H. (1997), « Conflit d'usages, conflit d'images » dans H. Boyer (éd.), *Plurilinguisme : "Contact" ou "conflit" de langues ?,* Paris, L'Harmattan, p. 9-36.

BOYER H. (2000), « Ni concurrence, ni déviance: l'*unilinguisme* français dans ses œuvres», *Lengas* 48, Montpellier.

BOYER H. (2001) *Introduction à la sociolinguistique*, Paris, Dunod.

BOYER H. (2003), *De l'autre côté du discours. Recherches sur le fonctionnement des représentations communautaires*, Paris, L'Harmattan.

BOYER H. (2007), « Traiter la *compétence culturelle* : l'*imaginaire ethnosocioculturel* et ses fonctionnements en discours médiatiques», *Le Langage et l'Homme*, vol XXXXII, n°2.

BOYER H. (2008a), « Fonctionnements sociolinguistiques de la dénomination toponymique », *Mots. Les langages du politique* n° 86, mars 2008, p. 9-21.

BOYER H. (2008b), « Stéréotype, emblème, mythe. Sémiotisation médiatique et figement représentationnel », *MOTS. Les langages du politique* n° 88, Lyon, ENS Éditions.

BOYER H. (2008c), *Langue et identité. Sur le nationalisme linguistique*, Limoges, Lambert Lucas.

BOYER H. (2010), « Que reste-t-il du *francitan* ? », dans *Hybrides linguistiques...*, sous la dir. de H. Boyer, Paris, L'Harmattan, p. 235-255

BOYER H. (2014a), « Modélisation conflictiviste et modélisation iréniste dans le traitement sociolinguistique des situations de diglossie: la preuve par le terrain», *Les locuteurs et les langues: pouvoirs, non-pouvoirs et contre-pouvoirs*, Romain Colonna éd., Limoges, Lambert-Lucas, 2014, 131-140.

BOYER H. (2014b), « Langage, identité, patrimonialisation. Les *sémioculturèmes*», dans *Amb un fil d'amistat. Mélanges offerts à Philippe Gardy*, Toulouse, CELO, 2014, p. 247-258.

BOYER H. (2015), « « Vous venez d'où pour avoir cet accent ?» La *communauté linguistique* comme *marché* soumis à l'*imaginaire* de la communauté », *Lengas* [En ligne], 77.

BOYER H. dir. (2007), *Stéréotypage, stéréotypes: fonctionnements ordinaires et mises en scène*, Paris, L'Harmattan (5 Tomes).

BOYER H. dir., (2010), *Hybrides linguistiques. Genèses, statuts, fonctionnements*, Paris, L'Harmattan.

BOYER H. et CARDY H. (2011), « Localiser, identifier, valoriser», *Les collectivités territoriales en quête d'identité, Mots. Les langages du politique* n° 97, Lyon, ENS Éditions, p. 5-13.

BOYER H. et KOTSYUBA UGRYN T. (2012) « *Pasionaria*. Du mythe au stéréotype ... en passant par les médias», *Mots. Les langages du politique* n° 98, mars, Lyon, ENS LSH, ENS Editions, p. 111-120

BOYER H. et LOCHARD G., 1998, *Scènes de télévision en banlieues*, Paris, INA-L'Harmattan (avec la participation d'André Bercoff).

BOYER H. et CARDY H. éds. (2011), Les collectivités territoriales en quête d'identité, *Mots. Les langages du politique* n° 97, Lyon, ENS Éditions

BOYER H. et LAGARDE Ch. dirs. (2002), *L'Espagne et ses langues. Un modèle écolinguistique?*, Paris, L'Harmattan.

BOYER H. et PAVEAU M-A. éds. (2008), Toponymes. Instruments et enjeux, *MOTS. Les langages du politique* n° 86, Lyon, ENS Éditions.

BRES J. *et al.* (dirs) (2005), *Dialogisme et polyphonie. Approches linguistiques*, Bruxelles, De Boeck Université.

BRUNE F. (1993), *« Les médias pensent comme moi ! » Fragments du discours anonyme*, Paris, L'Harmattan.

CALABRESE STEIMBERG L. (2008), « Les héméronymes. Ces événements qui font date, ces dates qui deviennent événements», *Mots. Les langages du politique* n° 88, Lyon, ENS Éditions, p. 115-128.

CARTON F. (1999), « L'épithèse vocalique en français contemporain : étude phonétique», *Faits de langues* n° 13, Ophrys, p. 35-45.

CHARAUDEAU P. (1983), *Langage et discours. Éléments de sémiolinguistique*, Paris, Hachette.

CHARAUDEAU P. (1997), *Le discours d'information médiatique. La construction du miroir social*, Paris, Nathan / INA.

CHARAUDEAU P. et MAINGUENEAU D. (dirs), (2002), *Dictionnaire d'analyse du discours,* Paris, Seuil.

COLLES L. (2007), « Enseigner la langue-culture et les culturèmes », *Québec français* n° 146.

COSTA J. et BERT M. (2011), «De l'un et du divers. La région Rhône-Alpes et la mise en récit de ses langues», *Mots. Les langages du politique* n° 97.

CROZAT D. et BARTEMENT D. (2011), « Patrimoine et développement territorial», dans : MAHE DE BOISLANDELLE H. : Le Patrimoine dans tous ses états», Perpignan, Presses Universitaires de Perpignan, p. 59-71.

CUCIUC N. (2011), « Traduction culturelle : transfert de culturèmes », *La Linguistique* 2011/2 – Vol. 47.

DE PIETRO J-F. et MATTHEY M. (1993), « Comme Suisses romands, on emploie déjà tellement de germanismes sans s'en rendre compte... », *Cahiers de l'Institut de Linguistique de Louvain* 19, p. 3-4.

DESCHAMPS J. (1996), « Les avatars de l'imaginaire », *Transdisciplines* n° 1/2, Paris, L'Harmattan.

DOISE W. (1985), « Les représentations sociales : définition d'un concept », *Connexions* n° 45.

DROUARD M. (2011), « Plus d'identité pour mieux gouverner. Sur la patrimonialisation de la grotte Chauvet», *Mots. Les langages du politique* n° 97, Lyon, ENS Éditions, 91-97.

DUFAYS J.-L. (1994), *Stéréotype et lecture*, Liège, Pierre Mardaga.

ESQUENAZI J-P. (2002), *L'écriture de l'actualité. Pour une sociologie du discours médiatique*, Grenoble, PUG.

FERGUSON Ch. A. (1959), « Diglossia », *Word*, 15.

FIALA P., HABERT B. (1989), La langue de bois en éclat : les défigements dans les titres de presse quotidienne française », *Mots. Les langages du politique*, 21.

FISHMAN J. A. (1991), *Reversing Language Shift. Theorical and Empirical Foundations of Assistance to Threatened Languages*, Clevelnd-Philadelphia-Adelaïde, Multilingual Matters Ltd.

FISHMAN J. A. (1993), "Tres casos amb (més o menys) èxit: l'hebreu modern, el francès al Québec I el català a Espanya", *Treballs de sociolingüística catalana* n° 11, Valencia, Eliseu Climent.

FOURNIER L.S., CROZAT D., BERNIÉ-BOISSARD C., CHASTAGNER C., (2012), *Patrimoine et désirs d'identité*, Paris, L'Harmattan.

GADET F. (1989), *Le français ordinaire*, Paris, A. Colin.

GADET F. (2007), *La variation sociale en français*, Paris, Ophrys.

GALISSON R. (1987), « Accéder à la culture partagée par l'entremise des mots à CCP», *Études de Linguistique Appliquée*, n° 67.

GALISSON R. (1995), « Les palimpsestes verbaux : des révélateurs culturels remarquables, mais peu remarqués... », *Les Cahiers de l'ASDIFLE*, 6.

GARCÍA MARCOS F. (1999), *Fundamentos críticos de sociolingüística*, Universidad de Almería.

GARDE P. (1968), *L'accent*, Paris, PUF.

GASQUET-CYRUS M. (2010), « L'accent : concept (socio)linguistique ou catégorie de sens commun?», dans H.

Boyer (sous la dir. de), *Pour une épistémologie de la sociolinguistique*, Limoges, Lambert-Lucas.

GAUTHIER R. éd. (2001), *Le stéréotype. Usages, formes et stratégies*, Toulouse, C.A.L.S. / C. P. S. T.

GENETTE G. (1982), *Palimpsestes*, Paris, Seuil

GREGORY M.-A. (2011), « Changer de nom pour changer d'image. Le cas des modifications de dénomination de départements», *Mots. Les langages du politique* n° 97, Lyon, ENS Éditions

GUILBERT Th. (2007), *Le discours idéologique ou la force de l'évidence*, Paris, L'Harmattan.

GUIMELLI Ch. (1999), *La pensée sociale*, Paris, PUF.

HANSEN A. B. (1997), « Le nouveau e prépausal dans le français parlé à Paris», dans J. Perrot (dir.), *Polyphonie pour Ivan Fonagy*, Paris, L'Harmattan.

HARMEGNIES B.(1997), « Accent», dans Marie-Louise Moreau (éd.), *Sociolinguistique, Les concepts de base*, Liège, Mardaga.

HERNANDEZ CAMPOY J.-M. et ALMEIDA M. (2005), *Metodología de la investigación sociolingüística*, Granada, Editorial Comares.

HOUDEBINE A-M. (1993), « De l'imaginaire des locuteurs et de la dynamique linguistique. Aspects théoriques et méthodologiques», in *Cahiers de l'Institut de Linguistique de Louvain,* 19. p.3-4.

JARDEL J.-P. (1982), « Le concept de "diglossie" de Psichari à Ferguson », *Lengas* n° 11, Montpellier, Université Paul-Valéry, p. 5-15.

JODELET D. (1989), « Représentations sociales : un domaine en expansion », *Les représentations sociales,* sous la dir. de D. JODELET, Paris, PUF.

JOLLIN-BERTOCCHI S. (2003), *Les niveaux de langage*, Paris, Hachette.

KAUFMANN J-C., 2014, *Identités, la bombe à retardement*, Paris, Éditions Textuel.

KREMNITZ G. (1981), « Du "bilinguisme" au "conflit linguistique". Cheminement de termes et de concepts », *Langages* n° 61.

KRIEG-PLANQUE A. (2009), *La notion de « formule » en analyse du discours*, Besançon, Presses Universitaires de Franche-Comté.

KRIEG-PLANQUE A. (2011), « Les « petites phrases » : un objet pour l'analyse des discours politiques et médiatiques», *Communication et langages* n° 188.

LABOV W. (1976), *Sociolinguistique*, Paris, Minuit.

LABOV W. (entretien avec P. Bourdieu et P. Encrevé) (1983), « Le changement linguistique», *Actes de la Recherche en Sciences Sociales* n° 46.

LAFONT R. (1971a), « Deux types ethniques», *Le Sud et le Nord, dialectique de la France*, Toulouse, Privat.

LAFONT R. (1971b), « Un problème de culpabilité sociologique : la diglossie franco-occitane » dans J.-B. Marcellesi (éd) *Linguistique et société, Langue française* n° 9, p 93-99.

LAFONT R. (1986), « Contrôle d'identités », dans *La Production d'identités*, Montpellier, Université Paul-Valéry-CNRS.

LAGARDE C. (2008), *Identité, langue et nation*, Canet, Trabucaire.

LE BART Ch. et PROCUREUR T. (2011), « Le nom du département comme problème. Entre logique d'attractivité et logique d'identité», *Mots. Les langages du politique* n° 97.

LECOINTE M., 1996, « Statut de l'imaginaire », *Transdisciplines* n° 1/2, Paris, L'Harmattan.

LEON P. (1993), *Précis de phonostylistique*, Paris, Nathan.

LEPRETRE M. et BAÑERES J. (2002), « La sociolinguistique catalane : de la dénomination d'école à l'appellation géographique. Une approche idéelle», *Terminogramme* n° 103-104, Montréal, Les Publications du Québec, p 105-127.

LEROY S. (2004), *Le nom propre en français*, Paris, Ophrys.

LOCHARD G. et BOYER H. (1998), *La communication médiatique*, Paris, Seuil.

LUNGU-BADEA G. (2009), « Remarques sur le concept de culturème», *Translationes 1*, Timisoara : Editura Universitatii de Vest.

LUQUE NADAL L. (2009), « Los culturemas: unidades lingüísticas, ideológicas o culturales ? », *Language Design* 11.

MACE E. (2006), *Les imaginaires médiatiques. Une sociologie postcritique des médias*, Paris, Editions Amsterdam.

MACKEY W. F. (1976), *Bilinguisme et contact de langues*, Paris, Klincksieck.

MAINGUENEAU D. (2006), « Les énoncés détachés dans la presse écrite. De la surassertion à l'aphorisation », dans Marc Bonhomme et Gilles Lugrin éds., Interdiscours et intertextualité dans les médias, *TRANEL* N° 44, Institut de linguistique de l'Université de Neuchâtel, p 107-120.

MOLES A. (1969), « Sociodynamique et politique d'équipement culturel dans la société urbaine», *Communications* 14.

MOLINER P. et VIDAL J. (2003), « Stéréotype de la catégorie et noyau de la représentation sociale », *Revue Internationale de Psychologie Sociale*, 16, 1, Presses Universitaires de Grenoble.

MOSCOVICI S., 2002, « Pourquoi l'étude des représentations sociales en psychologie ? », *Psychologie et Société* n° 4, 2001/2.

NICOLAS i AMOROS M. (2000), « Linguistes, institutions et locuteurs dans le processus de récupération linguistique : le cas de la langue catalane au XXe siècle», *Mémoires de la Société de linguistique de Paris*, nouvelle série, Tome VIII, Leuven, Peeters

NICULESCU A. (1996), « Loyauté linguistique », dans H. Goebl, P. H. Nelde, Z. Stary, W. Wölck (éds.), *Linguistique de contact*, Tome 1, Berlin-New York, Walter de Gruyter, p. 715-720.

NINYOLES R.-Ll. (1969), *Conflicte Lingûístic Valencià*, València, Eliseu Climent Editor.

NINYOLES R.-Ll. (1971), *Idioma i prejudici*, Valencia, Eliseu Climent

NINYOLES R.-Ll. (1976), « Idéologies diglossiques et assimilation », dans GIORDAN et RICARD (eds), *Diglossie et littérature*, Bordeaux-Talence, Maison des Sciences de l'Homme.

NORA P. dir. (1997), *Les lieux de mémoire*, Paris, Gallimard.

PAVEAU M-A. (2010), « La norme dialogique. Propositions critiques en philosophie du langage», *Semen* n° 29.

PLANTIN Ch. dir. (1993), *Lieux communs, topoï, stéréotypes, clichés*, Paris, Editions Kimé.

PRADILLA CARDONA M.-A. (2011), « L'univers calidoscópic de la sociolingüística catalana de la variació en l'àmbit de la llengua catalana», *Treballs de sociolingüística catalana,* 21, Barcelona, Societat Catalana de Sociolingüística, Institut d'Estudis Catalans, p.125-140.

QUEROL, E. coord. (2007), *Llengua i societat als territoris de parla catalana a l'inici del segle XXI*, Barcelona, Secretaria de Política Lingüística.

ROUQUETTE M.-L. (1997), *La chasse à l'immigré. Violence, mémoire et représentations*. Liège, Mardaga.

ROUQUETTE M.-L. dir. (2009), *La pensée sociale*, Toulouse, Éditions Erès.

ROUQUETTE M-L. et RATEAU P. (1998), *Introduction à l'étude des représentations sociales*, Grenoble, Presses Universitaires de Grenoble.

SERRANO M.-J. (2011), *Sociolingüística*, Barcelona, Ediciones del Serbal.

SOULAGES J.-C. (2007), « Les stratégies humoristiques dans le discours publicitaire», *Questions de communication. Humour et médias, définitions, genres et cultures*, sous la dir. de Claude Chabrol et Patrick Charaudeau, Nancy, P.U. Nancy, N° 10.

TARANGER M.-C. (1997), « Constructions télévisuelles et stéréotypes », *Langage et société* n° 81

TORRES i PLA J. (2011), « La demolingüística en els territoris de llengua catalana » *Treballs de sociolingüística catalana,* 21, Barcelona, Societat Catalana de Sociolingüística, Institut d'Estudis Catalans, p.183-192.

VALLVERDÚ F. (1970), *Dues llengües, dues funcions?*, Barcelona, Edicions 62.

VALLVERDÚ F. (1973), *El fet lingüístic com a fet social*, Barcelona, Edicions 62.

VALLVERDÚ F. (1980a), *Aproximació critica a la sociolingüística catalana*, Barcelona, Edicions 62.

VALLVERDÚ F. (1980b), « Algunes aportacions teóriques dels investigadors catalans a la sociolingüística», *Actes del Cinquè*

Col·loqui Internacional de Llengua i Literatura Catalanes, Andorra, 1-6 d'octubre de 1979, Barcelona, Publicacions de l'Abadia de Montserrat.

VALLVERDÚ F. (2011), « Historia del col·lectiu GCS/ASOLC/SOCS», *Treballs de sociolingüística catalana,* 21, Barcelona, Societat Catalana de Sociolingüística, Institut d'Estudis Catalans, p.193-204.

VAN DIJK T. A. (2001), « Un estudi lingüístic de la ideologia?», dans T. Mollà (éd.): *Ideologia y conflicte lingüístic*, Alzira, Edicions Bromera.

VAN DIJK T. A. (2006), « Politique, Idéologie et Discours», Besançon, *Semen,* n° 21, Presses Universitaires de Franche-Comté, p. 73-102.

VERÓN E. (1991), « Les médias en réception : les enjeux de la complexité », *Médias-pouvoirs* n° 21.

VIDAL J. (2003), « Noyau central et stéréotypie : la question de la durabilité du changement », *Les Cahiers Internationaux de Psychologie Sociale* n° 60.

VOLOCHINOV V. N. ([1929], 2010), *Marxisme et philosophie du langage. Les problèmes fondamentaux de la méthode sociologique dans la science du langage*, Nouvelle édition bilingue traduite du russe par Patrick Sériot et Inna Tylkowski-Ageeva, Préface de Patrick Sériot, Limoges, Lambert Lucas.

WECK Fra. (2008), *Putain d'accent ! Comment les Méridionaux vivent leur langue*, Paris, L'Harmattan.

WEINREICH U. (1970 [1953]), *Languages in Contact. Findings and Problems*, The Hague - Paris, Mouton.

WEINREICH U. (1968), « Unilinguisme et multilinguisme», dans A. Martinet (dir.), *Le Langage,* Encyclopédie de la Pleiade, Paris, Gallimard, p. 647-684.

WINDISCH U. (1991), *Le Prêt-à-penser. Les formes de la communication et de l'argumentation quotidiennes*, Lausanne, L'âge d'homme.

TABLE DES MATIÈRES

Page

Introduction 7
    Sur la place et le rôle des médias dans une société médiatisée.................................. 7
    Dialogisme.. 9
    Imaginaire(s), idéologies, représentations partagées.. 10
    Identité(s) (La production d')................................. 12

I. « Accent(s) » et Cie. Variation sous surveillance. 17
    Les « accents » et « *l'assent* »............................ 19
    L'impact durable de l'*unilinguisme* sur la composante représentationnelle de la configuration linguistique française................... 24
    Le fonctionnement empathique des médias et le stéréotypage.. 26
    Émergence et diffusion d'un *marqueur* sociophonétique.. 27
    Bio de Danone... 29
    Le sens d'une *co-variance*.................................. 33

II. *Stéréotype, emblème, mythe* : du figement représentationnel. 35
    Stéréotypage, stéréotype..................................... 35
    Catégorisation et symbolisation........................... 41
    Retour à l'idéologie : ... « parole dépolitisée » ? ... 46

III. Pour une sémiotique de la *patrimonialisation*. Les *identitèmes*. 51

    L'ère de la *patrimonialisation* ?........................... 51
    Extension du domaine de la patrimonialisation... 54
    Culturèmes et *identitèmes*................................. 56
    Un type *d'identitèmes*: les *logonymes*................ 66
    Trope et jeu médiatique...................................... 71

IV. Sur la *loyauté (ethnosocio)linguistique*. 75

    Préalables... 75
    La « loyauté linguistique » s'affiche : pratiques glottopolitiques dans le paysage scriptural urbain.. 79

V. La sociolinguistique catalane, fer de lance de la revendication identitaire des Catalans 87

    Fondements... 90
    L'impact... 94

Références bibliographiques. 99

Table des matières. 113

LANGUES

AUX ÉDITIONS L'HARMATTAN

Dernières parutions

ARABE (L') DANS TOUTES SES FORMES
Méthode d'initiation à l'écriture et à la lecture – DVD inclus
Kenanah Faisal
Préface de Michel Neyreneuf ; Calligraphies de Faisal Kenanah
Envie d'apprendre à écrire et à lire ces caractères qui semblent si mystérieux ? Curieux de connaître les bases de la langue arabe ? Ce manuel très simple et accessible à tous guide l'apprenant pas à pas et lui offre un suivi personnalisé grâce à 300 exercices filmés et corrigés. Il permet non seulement de maîtriser l'écriture et la lecture, mais également d'acquérir le vocabulaire, les expressions du quotidien et quelques proverbes illustrés en calligraphie. (DVD inclus).
(29.50 euros, 150 p.)
ISBN : 978-2-343-04590-0, ISBN EBOOK : 978-2-336-36437-7

DICTIONNAIRE THÉMATIQUE FRANÇAIS-TIBÉTAIN DU TIBÉTAIN PARLÉ (Langue standard)
Volume 2 : L'Homme, fonctions sensorielles et langage
Sous la direction de Anne-Marie Blondeau, Fernand Meyer,
Françoise Robin, Namgyal Lhadze et Tenzin Samphel
Ce deuxième volume, consacré au vocabulaire lié à l'homme, traite du langage et des fonctions sensorielles. Il déborde la terminologie propre aux cinq sens de la tradition occidentale et fournit, quand cela est nécessaire, le sixième sens de la tradition bouddhique indo-tibétaine. Chaque terme français est proposé dans sa traduction en tibétain parlé et littéraire, et peut être suivi d'une glose linguistique, grammaticale ou sociologique. Les entrées sont complétées par des expressions apparentées et des proverbes.
(34.00 euros, 314 p.)
ISBN : 978-2-343-04396-8, ISBN EBOOK : 978-2-336-36410-0

PARLONS ABKHAZE – Une langue du Caucase
Malherbe Michel
L'abkaze a la réputation d'être l'une des langues les plus difficiles du Caucase, pourtant réputées pour leur complexité. On se souvient que l'Abkhazie, riveraine de la mer Noire, jadis partie intégrante de la Géorgie, est devenue indépendante après la guerre menée par la Russie en 1992. Toutefois, son indépendance n'a été reconnue que par quatre États : la Russie, le Nicaragua, le Vénézuela et Nauru.

Peu connu, ce pays mérite d'être exploré, aussi bien pour sa langue que pour sa culture.
(Coll. Parlons, 22.00 euros, 226 p.)
ISBN : 978-2-343-04462-0, ISBN EBOOK : 978-2-336-36041-6

BÉTÉ (LE) PAS À PAS
Un livre pour apprendre à lire et à écrire le bété
Zoko Habib
Le bété est une langue africaine parlée dans le sud-ouest de la Côte d'Ivoire. Ce livre est un outil pratique et convivial pour apprendre le bété. Il offre un panorama important de la richesse de cette langue. L'apprentissage des sons est très progressif : de la lettre à la syllabe, de la syllabe au mot, du mot à la phrase, de la phrase au texte. Dans un style tonique, l'auteur met en scène l'alphabet bété accompagné d'illustrations en couleur pour donner plus de relief.
(15.00 euros, 80 p.)
ISBN : 978-2-343-04579-5, ISBN EBOOK : 978-2-336-35950-2

PARLONS MAYA CLASSIQUE
Déchiffrement de l'écriture glyphique (Mexique, Guatemala, Belize, Hondura)
Hoppan Jean-Michel
Forte de plusieurs millions de locuteurs, la famille de langue maya est l'une des principales familles de langues amérindiennes vivantes. C'est aussi celle dont on connaît le plus de témoignages écrits remontant à l'époque antérieure à l'arrivée des Européens en Amérique, transmettant ainsi de précieuses informations sur l'histoire précolombienne et sur les états anciens de la langue. Cet ouvrage est une introduction à la lecture des textes en maya classique et est enrichi d'un DVD : «Les Mayas, le calendrier et le 21/12/2012».
(Coll. Parlons…, 36.00 euros, 338 p., Illustré en couleur)
ISBN : 978-2-343-03546-8, ISBN EBOOK : 978-2-336-35948-9

PARLONS XOKLENG / LAKLANO
Langue indigène du sud du Brésil
Alves Junior Ozias
Cet ouvrage présente l'histoire d'indigènes du sud du Brésil, les Xokleng, qui s'appellent eux-mêmes les laklano, et qui furent chassés «comme des animaux» par des chasseurs connus sous le nom de burgeiros aux XIXe et XXe siècles. Ces indigènes ont inspiré la fondation du Service de protection des indigènes du Brésil (SPI). Sauvée par l'indigéniste Eduardo Hoerhann à partir de 1914, cette tribu de 536 individus vit aujourd'hui dans une réserve de la région de José Boiteux, à l'intérieur de Santa Catarina, au sud du Brésil.
(Coll. Parlons…, 25.00 euros, 250 p.)
ISBN : 978-2-343-03627-4, ISBN EBOOK : 978-2-336-35881-9

TAMOUL (LE) PARLÉ (DVD inclus)
Chanemougas Soundiram
Vous êtes débutant ou faux débutant ? Cette méthode de langue progressive a été conçue pour vous aider à lire et à parler le tamoul, ainsi que pour vous permettre de vous débrouiller dans toutes les situations de la vie quotidienne. Chaque leçon

comprend un dialogue, sa traduction, des points de grammaire, de vocabulaire, un exercice de traduction ou un exercice de grammaire. Les leçons enregistrées sur le DVD permettent d'apprendre à prononcer le plus correctement possible.
(29.00 euros, 288 p.)
ISBN : 978-2-343-01072-4, ISBN EBOOK : 978-2-296-53935-8

DICCIONARIO COMUNICATIVO DEL ESPAÑOL
Soy competente
Tiako Youadjeu Christian
Este libro es un conjunto integrado de saberes encaminados hacia el desarollo de la competencia comunicativa del aprendiz. Verdadera gramática en usa, este programa de estudios, que abarca los campos de la vida familiar y social, del bienestar, de la salud y del medio abiente, los mass media, de la comunicación, la vida económica y la ciudadanía, integra une plétora de elementos léxicos de uso frecuente y propicia así la habilidad discursiva en estos cinco ambitos imprescindibles de la vida social.
(Harmattan Cameroun, Coll. Harmattan Cameroun, 15.00 euros, 130 p.)
ISBN : 978-2-343-00926-1, ISBN EBOOK : 978-2-296-53916-7

PARLONS KABIYÈ
Togo
Roberts David
Le kabiyè est parlé par plus d'un million de personnes dans les monts des environs de la ville de Kara, dans le nord du Togo. Cet ouvrage fait partager la langue kabiyè et la culture qu'elle véhicule.
(Coll. Parlons..., 36.00 euros, 362 p.)
ISBN : 978-2-343-00026-8, ISBN EBOOK : 978-2-296-53597-8

PARLONS BALOUTCHE
Malherbe Michel, Naseebullah
Le baloutche est une langue indo-européenne proche du persan et parlée par près de 7 millions de personnes sur un vaste territoire, qui couvre 43 % de la surface du Pakistan ainsi qu'une province de l'Iran et une vaste zone au sud de l'Afghanistan. La langue est cependant rarement écrite, ce qui développe de nombreuses variétés dialectales. L'ouvrage a choisi un baloutche «moyen», compréhensible sur l'ensemble du domaine.
(Coll. Parlons..., 14.00 euros, 132 p.)
ISBN : 978-2-343-00069-5, ISBN EBOOK : 978-2-296-53126-0

DICTIONNAIRE TSIGANE
Dialecte des Sinté – français-tsigane /tsigane-français
De Gouyon Matignon Louis
Les Tsiganes établis en Europe de l'Ouest se donnent le nom de Sinté. Leur langue se trouve aujourd'hui menacée. Le but de cet ouvrage, témoignage historique mais aussi culturel, est de préserver, et dans un même temps de présenter au plus grand nombre, la grande diversité et la richesse de la langue des Sinté.
(25.00 euros, 246 p.)
ISBN : 978-2-336-00096-1, ISBN EBOOK : 978-2-296-50720-3

PARLONS CORÉEN
(Édition revue et augmentée)
Malherbe Michel, Tellier Olivier
Premier ouvrage de la collection» Parlons», qui compte plus de 180 titres publiés à ce jour, cette édition élargie comprend un lexique coréen-français, indique comment procéder pour écrire les lettres du hangul avec l'informatique et s'enrichit de photos.
(Coll. Parlons..., 26.50 euros, 266 p.)
ISBN : 978-2-296-99095-1, ISBN EBOOK : 978-2-296-50116-4

PARLONS ROUTOUL
Caucase, Daghestan
Makhmudova Savetlana
Les Routouls sont un peuple du Daghestan, cette République caucasienne de Russie des bords de la mer Caspienne. Ils sont au nombre de 35 000 environ, mais les bons locuteurs de la langue sont peut-être seulement 20 000. Le routoul est apparenté au tchétchène. Ce n'est que l'une des quelque 40 langues du Daghestan, considérée par les Arabes comme la « montagne des langues ».
(Coll. Parlons..., 17.00 euros, 164 p.)
ISBN : 978-2-296-99107-1, ISBN EBOOK : 978-2-296-50225-3

INITIATION À L'ARABE PARLÉ AU MAROC
(Nouvelle édition)
Jalaly Az Eddine
Vous projetez d'apprendre l'arabe parlé au Maroc, niveau de langue employé pour les besoins de la vie de tous les jours (on parle d'arabe dialectal) ; l'objet de ce manuel est l'initiation à ce niveau. Pour le non-arabophone, l'apprentissage des deux niveaux (littéral et dialectal), bien entendu en fonction de ses besoins, s'impose comme une évidence. Destiné aux arabisants, étudiants ou confirmés, aux populations issues de l'immigration, aux expatriés européens, il permet également un travail en autoapprentissage. (CD inclus).
(35.00 euros, 288 p.) ISBN : 978-2-296-96810-3

GUIDE DE CONJUGAISON EN FANG
Akomo-Zoghe Cyriaque Simon-Pierre - Préface de Claver Bibang
Ce livre est un précis qui tente de simplifier l'art de conjuguer en fang. Il répond parfaitement à l'exigence qui consiste à mettre en place une série d'ouvrages scolaires et parascolaires dans le but de vulgariser la langue fang et la rendre plus accessible auprès des locuteurs. Voici un document pionnier dans les études linguistiques relatives à la langue fang en Afrique centrale.
(Coll. Harmattan Cameroun, 14.00 euros, 130 p.)
ISBN : 978-2-296-99263-4

L'HARMATTAN ITALIA
Via Degli Artisti 15; 10124 Torino
harmattan.italia@gmail.com

L'HARMATTAN HONGRIE
Könyvesbolt ; Kossuth L. u. 14-16
1053 Budapest

L'HARMATTAN KINSHASA
185, avenue Nyangwe
Commune de Lingwala
Kinshasa, R.D. Congo
(00243) 998697603 ou (00243) 999229662

L'HARMATTAN CONGO
67, av. E. P. Lumumba
Bât. – Congo Pharmacie (Bib. Nat.)
BP2874 Brazzaville
harmattan.congo@yahoo.fr

L'HARMATTAN GUINÉE
Almamya Rue KA 028, en face
du restaurant Le Cèdre
OKB agency BP 3470 Conakry
(00224) 657 20 85 08 / 664 28 91 96
harmattanguinee@yahoo.fr

L'HARMATTAN MALI
Rue 73, Porte 536, Niamakoro,
Cité Unicef, Bamako
Tél. 00 (223) 20205724 / +(223) 76378082
poudiougopaul@yahoo.fr
pp.harmattan@gmail.com

L'HARMATTAN CAMEROUN
BP 11486
Face à la SNI, immeuble Don Bosco
Yaoundé
(00237) 99 76 61 66
harmattancam@yahoo.fr

L'HARMATTAN CÔTE D'IVOIRE
Résidence Karl / cité des arts
Abidjan-Cocody 03 BP 1588 Abidjan 03
(00225) 05 77 87 31
etien_nda@yahoo.fr

L'HARMATTAN BURKINA
Penou Achille Some
Ouagadougou
(+226) 70 26 88 27

L'HARMATTAN SÉNÉGAL
10 VDN en face Mermoz, après le pont de Fann
BP 45034 Dakar Fann
33 825 98 58 / 33 860 9858
senharmattan@gmail.com / senlibraire@gmail.com
www.harmattansenegal.com

L'HARMATTAN BÉNIN
ISOR-BENIN
01 BP 359 COTONOU-RP
Quartier Gbèdjromèdé,
Rue Agbélenco, Lot 1247 I
Tél : 00 229 21 32 53 79
christian_dablaka123@yahoo.fr

Achevé d'imprimer par Corlet Numérique - 14110 Condé-sur-Noireau
N° d'Imprimeur : 129134 - Dépôt légal : mai 2016 - *Imprimé en France*